品|牌|经|典|系|列

OWNING GAME-CHANGING
SUBCATEGORIES

Uncommon Growth in the Digital Age

创建颠覆性
细分品类

在数智时代实现非凡增长

[美] 戴维·阿克（David A. Aaker）◎著

刘星妤◎译

机械工业出版社
CHINA MACHINE PRESS

本书旨在通过案例研究和概念性解释说明：颠覆性细分品类如何给企业带来增长；数字化发展如何助力新细分品类取得成功；如何发现、评估和管理这些颠覆性的"必备要素"并为其建立壁垒。本书重点讨论了数字化和细分品类在企业实现非凡增长过程中所起到的推动作用。

北京市版权局著作权合同登记　图字：01-2022-3935 号。

图书在版编目（CIP）数据

创建颠覆性细分品类：在数智时代实现非凡增长 /（美）戴维·阿克（David A. Aaker）著；刘星妤译 .—北京：机械工业出版社，2023.6

（品牌经典系列）

书名原文：Owning Game-Changing Subcategories: Uncommon Growth in the Digital Age

ISBN 978-7-111-73024-8

I. ①创… II. ①戴… ②刘… III. ①品牌 – 企业管理　IV. ① F272.3

中国国家版本馆 CIP 数据核字（2023）第 085223 号

机械工业出版社（北京市西城区百万庄大街 22 号　邮政编码：100037）
策划编辑：章集香　　　　　　责任编辑：章集香　岳晓月
责任校对：牟丽英　卢志坚　　责任印制：常天培
北京铭成印刷有限公司印刷
2023 年 6 月第 1 版第 1 次印刷
170mm×230mm·14 印张·1 插页·170 千字
标准书号：ISBN 978-7-111-73024-8
定价：79.00 元

电话服务　　　　　　　　　网络服务
客服电话：010-88361066　机　工　官　网：www.cmpbook.com
　　　　　010-88379833　机　工　官　博：weibo.com/cmp1952
　　　　　010-68326294　金　书　网：www.golden-book.com
封底无防伪标均为盗版　机工教育服务网：www.cmpedu.com

谨以此书献给

我的妻子凯（Kay），

女儿珍妮弗（Jennifer）、

简（Jan）和乔琳（Jolyn）及其家人们，

他们每天都给予我支持和灵感！

为什么要选择本书

对大部分组织来说,增长力是衡量成功的一个标准,它表明组织的价值主张(value proposition)正在发挥作用。组织的增长既能吸引客户,又能让客户放心,还能让员工收获成就感,也能给他们提供更多机会。组织的增长力是或者应该是一个战略优先项。企业在数智时代如何实现增长?

本书重点探讨的第一个内容包括:除极少数例外情况,不论你身处什么时代,企业增长的唯一路径是找到并拥有颠覆性细分品类(game-changing subcategories)。在所有销售额或企业估值飙升的背后,你几乎都能发现这样的增长之路。一个组织要想踏上这条通往颠覆性增长的道路,就必须做到以下几点:

- 创造或找到新的"必备要素"(must-haves),以此来定义一个颠覆性细分品类,提供全新或无与伦比的购买体验、使用体验或有意义的品牌关系。

- 成为标杆品牌（exemplar brand），以此成为该细分品类的代表性品牌，提高品牌知名度，优化品牌定位，推动品牌走向成功。
- 建立忠诚于该细分品类和标杆品牌的核心顾客群，顾客的投入和影响力能够推动企业的增长。
- 给竞争对手设置壁垒，限制其品牌相关性。这些壁垒包括忠实的客户群、"必备要素"的联系、品牌化创新以及超越功能性利益的关系基础。

本书讨论的第二个内容是：在数字化革命（digital revolution）的背景下，通过创造颠覆性细分品类来实现企业增长的潜力已经被极大地改变和增强，数字化创造了一个全然不同的新世界，在这个世界，细分品类的增长道路变得更宽、更短、容纳的行人更多，这是因为：

- 以传感器、微型计算机、语音识别、智能手机、云计算、数据分析等为代表的数字技术为"必备要素"提供了新途径。
- 电子商务进入市场的途径既快速又便宜，免去了零售商分销和组建销售团队的成本。
- 社交媒体和网站的宣传效果比传统广告好得多。
- 数字化能让品牌社区成员的参与度和忠诚度上升到一个新的高度。

如果不通过创造颠覆性细分品类来引领市场，就只能走品牌偏好竞争的道路，即主打"我的品牌优于你的品牌"。通常情况下，这条路无法让企业增长，竞争也比较激烈。

本书旨在通过案例研究和概念性解释说明：颠覆性细分品类如何给企业带来增长？数字化发展如何助力新的细分品类取得成功？如何发现、评估和管理这些颠覆性的"必备要素"，并为其建立壁垒？本书重点讨论数字化和细分品类在企业实现非凡增长中所起的推动作用。

本书有何与众不同

市面上有成百上千的书籍以各种方式讨论了基于创新的企业增长战略。虽然这些书都对战略思想和实践做出了重大贡献，但大多数书缺少不凡的见解和特点，本书正好填补了这一缺憾。

第一，本书明确指出要与数字化环境相结合，并说明这会如何影响战略创新和细分品类的形成。如前文所述，数字技术通过电子商务、新型强大的通信工具等方式为创新者提供了更多"必备要素"、市场准入途径。在数字化的帮助下，战略创新的范围、频率和速度都得到了大幅提升。这么说来，我还欠珍妮弗·阿克一个人情，因为是她（使劲）把我朝这个方向推了一把。

第二，本书明确地将实质性创新（substantial innovation）视为企业成长的平台之一。实质性创新与变革性创新（transformational innovation）不同，它不会改变产品的基本特征，而是显著增强其特征。具体来说，实质性创新会为产品增加一种极为重要的新型或改进版"必备要素"，这样一来，客户就只会购买具备该特征的产品。其他有关战略的书籍关注的基本都是变革性创新，或者鼓励进行渐进性创新（incremental innovation），强调其在"我的品牌优于你的品牌"中发挥的作用。

第三，本书关注的是颠覆性细分品类，而大多数讨论战略创新的书籍关注的则是创造全新的品类。每存在一个创建新品类的机会（如体育电视频道或游轮），都意味着至少存在数十个创建细分品类的机会（如高尔夫频道或网球频道、为儿童或单身者准备的游轮）。将重点放在细分品类上，能扩大战略助推力的范围，更好地推动品牌领导力的发展。几乎每家企业都能不断地寻找创建新的细分品类的机会，不过，创造新品类的机会却鲜少出现。

第四，本书还阐述了一个重点，即为想成为颠覆性细分品类的竞争者设置壁垒。这是典型的经济学知识，先建造一个竞技场，再在周围围上栅栏，这样其他人就无法进来。如前文所述，我们有很多设置壁垒的方式，如忠实的顾客群、"必备要素"联想和品牌创新等。

第五，本书谈论了品牌化和品牌化的方法。企业要想通过推动市场来实现增长，就必须了解品牌化的力量。首先，要让你的品牌成为颠覆性细分品类的标杆品牌，这样它不仅具有相关性，还能赢得市场。此外，在创建新的细分品类时，需要使用战略性和战术性的品牌建设技术，因为细分品类和品牌一样，需要对其进行定义、定位和推广。相比之下，大部分讲企业战略的书籍，要么根本没提到品牌化，要么没有在创建和管理新型增长平台的过程中考虑品牌化的作用或品牌建设的方法。

2011 年我出版了《开创新品类》[⊖]（*Brand Relevance*）一书，首次提出寻找和拥有新细分品类的策略，而《颠覆性细分品类》有三大明显特征。

第一，本书**写于数智时代**，也**为数智时代而写**。结合数智时代的特点，本书记录了数字化如何推动新细分品类的形成，大大改变了细分品类的形成频率，使其不再是稀有之品，而是寻常之物。

第二，本书**内容紧凑**，因此重点更突出，也更容易理解。本书的篇幅只有《开创新品类》的一半左右。《开创新品类》包含了冗长的案例研究，分析了零售、汽车和食品行业细分品类的发展，有的案例甚至可追溯到一个多世纪前。

第三，本书的重点是如何通过细分品类实现**企业的非凡增长**，不是如何让竞争失去相关性，也不是在面临竞争对手创新的威胁时，应采取什么战略来保持相关性。这两本书的书名反映了上述动机、视角和内容上的差异。

本书结构

引言讨论五个颠覆性细分品类的案例研究，介绍行业模范和例证。第一章概述了创建颠覆性细分品类的理论与实践。第二章讨论了颠覆性细分

⊖ 本书中文版已由机械工业出版社出版。

品类带来的巨大回报。第三至六章阐述了数字化对战略创新的驱动和赋能。数字化在共享经济、电子商务和物联网中都扮演了一定的角色，它们能促进品牌传播、支持品牌社区与个性化（第六章将详细讲述）。第七至十章介绍了一系列工具，用以寻找、评估和管理"必备要素"，并为其设置壁垒。第十一章总结了本书中的 20 条精华要点。

颠覆市场的模范

> "颠覆性创新者不一定要发现新的东西，
> 他们只要找到新发现的实际用途就够了。"
>
> **——杰伊·萨米特（Jay Samit）**
> **德勤会计师事务所副董事长兼数字媒体创新者**

品牌是追求增长的。大多数品牌只满足于挖掘增量收益，有的品牌只希望自己不要失利，只有少数品牌能获得独一无二的成就。通过有意义的"必备要素"创新、连接客户的新方式和品牌建设的创新计划，这些品牌巧妙地挖掘出新的颠覆性细分品类，让竞争对手难以涉足，从而实现非凡的增长。它们不仅是顾客喜欢的品牌，还是引领市场、不断成长的品牌。本书讲述的就是它们的故事。首先，我们来了解六个此类品牌，最后两个品牌将一起出现在日本啤酒市场的故事中。

易集

2005 年，易集（Etsy）的创始人——业余木匠罗布·卡林（Rob Kalin）、克里斯·马奎尔（Chris Maguire）和海姆·舍佩克（Haim Schoppik）——发现除了亚马逊（Amazon）和易趣（eBay）之外，手工艺人没有可以售卖自己产品的平台，因此，手工艺人及其买家也感到失落和茫然。为了解决这个问题，他们在位于布鲁克林的公寓里提出了一个设想：打造一个可供手工艺人销售产品的线上平台。短短几个月内，他们就创建并推出了该网站，并将其命名为"易集"。其中，有 5 万美元的资金来自一个朋友的投资。

易集成立三年来，员工人数增至 50 人，注册卖家分布在 127 个国家，总数达 12 万人。从商业模式上说，易集只在商品上架、交易、支付和提供营销服务方面收取少量费用。2015 年，易集上市，市值达 18 亿美元。到 2019 年，易集的市值已增长到 81 亿美元，拥有超过 220 万卖家和 4100 万活跃买家。

其实，易集早就具备了成为该社区"必备要素"的价值和策略：

- 易集有一个买家社区，这些买家对巧妙且高质量的手工艺活动充满热情，将该网站视为"有趣的地方"。
- 易集的网站很有吸引力，展示了许多有趣的产品和特色，如"热门产品"和"编辑精选"等。
- 易集强调人与人之间的联系，买家是从真实的卖家手上购买一件特别的产品，而非某个匿名公司或亚马逊。
- 易集发展的动力来自富有创造力的卖家和买家，因此这是一个充满才思和无限潜力的地方。
- 易集致力于助力解决社会和环境方面的挑战。2012 年，易集的社会责任意识得到肯定，通过了共益企业（B Corp）认证。经核实，易集在社会和环境方面的执行达到了最高标准，其商业利益和目的得到了很好的平衡，而且未违背任何法律规定。

卖家社区

对于卖家来说，易集能让他们把创意变成生意。在帮助卖家营销和分销其工艺品的过程中，存在许多"必备要素"：有的由易集提供，有的由卖家社区提供，还有的由第三方提供，并且它们都支持并与易集的卖家社区相连。

为了给卖家提供帮助，易集建立了一个内容丰富、不断发展的系统，其中包括：

- 操作便捷的软件：卖家能在几分钟内创建起自己的网站。
- 帮助卖家通过易集平台给购物者推送促销商品。
- 帮助卖家在脸书（Facebook）、缤趣（Pinterest）、推特（Twitter）或照片墙（Instagram）等社交平台上进行广告宣传。

- 名为"易集卖家"（Sell on Etsy）的手机 App，可帮助卖家管理订单、编辑产品以及即时与买家沟通。
- "易集＋"（Etsy Plus）服务可为卖家提供个性化选项，以提升卖家业绩。

易集除了提供上述服务之外，还建立了卖家社区，为卖家提供运营相关的建议和帮助。其中，指导手册版块为卖家提供了详尽的信息，帮助他们在易集成功进行交易；论坛版块则包含各类话题以供讨论，如品牌设计和营销；还有一个版块拥有 70 多万个活跃的小组讨论，卖家可创建或加入这些小组讨论，探索与其他卖家的合作。在这里，社区成员会讨论业务的各种影响因素：如何提高销量、如何推广、如何应对流氓广告、如何进行全球营销等。2019 年，易集的卖家社区共有 11000 多个小组，共 700 多万名成员。

该网站还设有一个博客，其中的"特色商店"系列会对工匠进行深入介绍。例如，其中一篇讲述了 Belaya Hvoya（在俄语中意为'白松针'）品牌的故事，它是乌克兰木工基里尔·巴比（Kirill Babii）制作的一个木器系列。他写道："2012 年的一天，我正从大学往家走，偶然看见一个西克莫无花果树的树枝。当时我正在攻读工艺流程和生产方面的硕士学位，但那一刻我意识到自己不想在工厂里度过一生，于是开始在城市周围收集木材。让朽木重生，使其具备其他功能，这让我备受鼓舞。我醉心于创造的过程。当时我的女朋友帮助我成立了一个品牌，即 Belaya Hvoya。"此后，基里尔的作品演变成了菜板、盘子和组合式餐具，其中勺子最受人欢迎。基里尔在本地市场经营三年后，加入了易集，以求将受众范围扩大到全球。基里尔的故事和其他类似的故事让易集卖家社区更具个性。故事能打动人，令人难忘。

易集还会进行数据搜索，有关当前趋势的讨论，部分通过电子邮件发送。以婚庆业最近的变化来说，"在极繁主义（maximalism）的趋势下，新娘们的心态是'越多越好'，在挑选婚纱时尤为如此。要想让婚纱从众多的甜美风格中脱颖而出，可以选择泡泡袖，展现既迷人又浪漫的造型，绝对值得在社交媒体上一晒。其实，易集早已发现该趋势。在过去的三个月中，关于这种风格的搜索内容有 15.5 万多条。我预计明年新娘们会继续上演这一幕。"

易集先创建继而拥有了一个细分品类，它将卖家和买家的能量导入了市场，他们坚信并践行易集的使命。数字品牌咨询公司 Prophet 铂慧（简称"铂慧"），每年会对近 300 个品牌进行相关性研究。在激励他人方面，易集取得了值得称赞且令人羡慕的成绩——排名第三，仅次于缤趣和美食网（Food Network）。

亚马逊手工艺品闪亮登场

易集成立 10 年后，在 2015 年，亚马逊推出了易集的竞争对手——亚马逊手工艺品（Amazon Handmade），这类商品可选择亚马逊物流（Fulfillment by Amazon）配送。从某种意义上说，成为易集的威胁是对其最佳赞美。亚马逊如何保证其产品并非赝品？对策一，规定卖家必须亲自制作手工艺品，或者有一定数量的员工制作手工艺品，而易集允许产品的制作外包；对策二，发布产品描述或视频，建立个人链接；对策三，不在亚马逊搜索引擎中显示这类手工艺品，适当降低曝光度，以彰显亚马逊手工艺品版块的独立性和专注性。

不过，易集并未在与亚马逊的竞争中处于下风，在 2015～2019 年，易集的年收入同比增长近 40%。亚马逊手工艺品可能存在一些阻碍其发展的因素：除了商品化形象和文化之外，卖家还需支付更高的费用；用户和数据信息归亚马逊所有，而且卖家不能在装运箱内外添加宣传材料。

丰田普锐斯

丰田 CEO 奥田硕（Hiroshi Okuda）于 1995 年秋访问了戴姆勒 - 奔驰股份公司（Daimler Benz）。奥田硕看到了将被打造为最佳小型汽车的"A"系列，想到有别的制造商，尤其是欧洲制造商，将在小型汽车领域取得领先地位，这让他十分不安，他发誓不会让此情况发生。于是，他给工程团队下达任务，要将公司现有小型汽车的行驶里程提高一倍，并准备在 1997 年上市。

虽然总工程师认为达成此目标不太现实，但还是接受了任务。他从其他成功挑战了不可能的人身上汲取了灵感，在 1997 年 12 月，他终于带领团队实现多项技术进步，成功推出了第一代普锐斯（Prius）汽车。企业已经无法仅靠现有技术来满足需求了。

2000 年，混合动力紧凑型汽车普锐斯打入美国市场；2003 年，第二代普锐斯在美国大获成功。改进版普锐斯的加速性能大大提高，电动转汽油动力更顺畅，安全性更高，排放更低，最大续航里程更长，车内空间更大，而且设计时尚、独特。普锐斯的品牌推广、优化电池使用的油电复合动力系统、汽油发动机以及电池充电的电动机，都成为普锐斯的独特优势，展现了丰田在此领域的权威性。普锐斯系列成为丰田的科技领导力和生态承诺的象征。普锐斯具有多项"必备要素"，彰显了丰田的产品质量、出众的最大续航里程、在烟雾排放方面的清洁汽车评级，以及独特的外形设计。

不过，普锐斯的"必备要素"不只包含上述功能性利益。从某种意义上来说，由于普锐斯独特的设计，它还能不言而喻地展现出车主对能源和全球变暖危机所做的贡献。一项调查显示，普锐斯的买家中，有一半以上称自己购买该车的主要原因是"这是一种自我表态"。因为当时所有普锐斯车型都是混合动力车，如果有人在路上或停车场里看到一辆普锐斯，那么，其车主毫无疑问地拥有一辆混合动力车。相反，本田思域（Honda Civic）混合动力车型和福特锐际（Ford Escape SUV）混合动力车型却不一定都是混合动力车。虽然买家可以通过购买本田思域或福特锐际来助力环保，但这说不上是一种表态。

普锐斯持续创新，让竞争对手难以战胜。2009 年，普锐斯推出了第三代普锐斯，该车型冷却系统更为优化，车身更具流线型，马力更强，燃油经济性更高，成为美国市场上燃油效率最高的一款车型。第三代普锐斯还有许多新特色，如大灯清洗功能、停车传感器、更好的音响效果、腰部支撑可调节、信息娱乐系统升级、USB 端口和蓝牙，一些车型还安装了预碰撞安全系统和大众车道保持系统（汽车偏离车道时进行提醒）。2015 年，第四代普锐斯的重量更轻，燃油经济性更好，价格也更实惠。不过，由于两极分化的设计，不同细分品类出现了更多混合动力车型的竞争对手，非混合动力车型的最大续航里程提高，普锐斯的销量有所下滑。

12 年来，普锐斯获得了巨大的成功，主宰了美国混合动力紧凑型汽车的细分品类。例如，2014 年，普锐斯的销量为 19.4 万辆，占美国混合动力车销量的 43%，位居第二的是其竞争对手现代索纳塔（Hyundai Sonata），销量仅为 2.1 万辆；此外，还有其他丰田和雷克萨斯车型使用了普锐斯车型的技术，这部分混合动力车的销量为 4.3 万辆。在此过程中，丰田公司创造并参与了其他细分品类，如混合动力 SUV 和混合动力豪华轿车。2017 年，普锐斯仅在美国的销量就高达 220 万辆，更别说在其他国家和地区的销量了。不仅如此，普锐斯还拥有忠实的客户群。2006 年的一份调查显示，约有 94% 的普锐斯客户称自己会再次购买该品牌的产品。

沃比·帕克

2008 年 2 月，在宾夕法尼亚大学沃顿商学院（Wharton School），四名攻读工商管理学硕士的学生对眼镜行业进行了分析。其中名叫戴夫·吉尔波亚（Dave Gilboa）的学生丢失了一副价值 700 美元的普拉达（Prada）黑色钛合金眼镜，经过调研，他发现眼镜的利润非常高；另一名学生尼尔·布卢门撒尔（Neil Blumenthal），在全球非营利组织——视觉之春（VisionSpring）工作了 5 年，帮助贫困社区制造和销售他们能够买得起的眼镜，其中部分眼镜的售价低于 5 美元。

众所周知，购买眼镜是很多人的噩梦。琳琅满目的款式和 400 美以上的价格让客户不知所措。眼镜行业，包括设计、配送、零售甚至眼镜保险，都被陆逊梯卡（Luxottica）一家独占，想与其竞争似乎只是幻想。

为何不通过电子商务来销售眼镜，进而颠覆市场呢？为了实现此目标，四名学生决定创建沃比·帕克眼镜公司（Warby Parker）。当然，有许多人告诉过他们"这不可能成功"。

挑战之一便是创建一条产品线，于是他们聘请了一位经验丰富的设计师。最初的产品系列有 27 款做工精美、实用的眼镜，每款提供 2～4 种颜色。这些眼镜不仅要实用，还要符合当下的审美和流行趋势。大框眼镜看起来很酷，但是它太重了，没能通过功能测试，因此被淘汰。有关沃比·帕克的文章通常在评价眼镜的设计质量，同时，其产品的市场接受度也给出了最满意的答复。

挑战之二在于创建一套成本结构并达到相应的生产能力，来高效率地提供优质的产品。公司目标是以 95 美元的价格销售眼镜——仅是大多数眼镜商定价的 25%，实现该目标是沃比·帕克眼镜公司的驱动力。这样的话，人们遗失眼镜时就不会觉得大难临头了。

挑战之三是如何在无法"试戴"的情况下让顾客满意。公司试过用电脑展示顾客戴上眼镜后的效果，但还是觉得"不够"。最终，解决方案是公司给顾客寄出 5 副镜框（带镜片）试戴，[⊖]在 5 天之内，顾客可以寄回不想要的镜框，运费均由沃比·帕克眼镜公司承担。此外，订购的处方眼镜无论何种原因退回，公司都支持退款。

沃比·帕克眼镜公司还开发了顾客服务程序，不论处理什么问题，都会有专人在 6 秒之内给出权威答复。不过，这套程序源自公司的一次"灾难"。2010 年 2 月 15 日，公司推出了线上服务。同一天，《智族 GQ》3 月版上市，其中有一篇关于沃比·帕克眼镜公司的文章，详细介绍了其理念和策略。这吸引了大量顾客，但是公司网站还无法承受蜂拥而至的订单，于是有了一份长达 2 万人的等候名单——这让其仅在 3 周内就实现了第一年的销售计划。在处理这份等候名单时，公司坚持发送个性化的电子邮件，这成了一个典范，很好地印证了公司会提供一流的客户服务的承诺。

最后，沃比·帕克眼镜公司受"视觉之春"的启发，发起了"买一捐一"（Buy a Pair, Give a Pair）项目，承诺顾客每购买一副眼镜，公司就捐出一副眼镜。截至 2019 年，他们捐献了超过 500 万副眼镜。沃比·帕克眼镜公司的使命是帮助 25 亿需要但无法获得眼镜的人，减缓其视力下降，其中四分之一的人视力受损严重，甚至无法有效地学习或工作，而一副眼镜就能为他们带来很大的改善。

沃比·帕克眼镜公司在成立不到 10 年时就获得了一笔 17.5 亿美元的投资，当时它仍是一家私人企业。公司的净推荐值（NPS，即推荐者所占百分比减去批评者所占百分比）一直在 85% 左右，接近最大值。之

⊖　沃比·帕克可以让每位顾客在家免费试戴 5 副镜框，选定需要的镜框后，将所有镜框寄回给沃比·帕克，最后沃比·帕克会把配好镜片的那一副眼镜再送到顾客手中。

后，公司扩大了业务范围，推出配镜处方检查（Prescription Check）移动App，满足条件的顾客能通过此App，只花40美元就能开具新的配镜处方，而不必去找眼科医生验光。此外，部分顾客仍然希望提供零售服务，于是公司在2013年开设了一家门店。截至2019年，共有约70家门店分布在美国和加拿大。不过，公司一半的业务仍来自线上销售。

Nest 实验室

2010年春，由于马特·罗杰斯（Matt Rodgers，当时他还是一名学生实习生）为第一代iPod和随后的iPhone做出了重要贡献，他成为苹果公司的新星。当年罗杰斯28岁，在卡内基梅隆大学（Carnegie Mellon）获得了计算机学士学位和硕士学位。虽然他从小就想到苹果公司工作，但后来还是决定离开苹果公司，开始自己的智能家居事业。

托尼·法戴尔（Tony Fadell）是罗杰斯在苹果公司的前上司，他曾提到，在装修时他发现，家里温控器的技术已过时，使用不便，也不美观。马特受到启发，同时与法戴尔成为合伙人。他们有计算机硬件、软件和设计方面的背景，也有将"硬件产品"推向市场的经验，因此他们觉得他们有能力实现目标。

于是，罗杰斯从苹果公司辞职，招募了一个由顶尖成员组成的团队。在没有报酬的情况下，他们夜以继日地工作，连假期也不例外，他们力求创造出一个颠覆性的产品。18个月后，他们推出了一款温控器，优化了房屋制热和制冷功能，也更节能。在他们的公司Nest实验（Nest Labs）的介绍会上，共75人参加，最后获得1000万美元的投资。

智能家居品牌Nest的产品具备一系列"必备要素"。在最初几周，用户会调节自己的温控器，从而为 Nest 提供了参考数据，这样 Nest 就能了解用户的日程安排，包括一天中用户偏好的温度。接着，Nest 把这些数据和传感器获取的用户活动、湿度和光线信息结合，利用机器学习来调整温度，并在识别到家中无人时自动切换到节能模式。用户能通过Wi-Fi 随时随地控制温控器。

与传统温控器相比，Nest 温控器的设计新颖。在操作方面，用户只需旋转或触碰控制旋钮，就能来到选项菜单，进而切换制热和制冷功能、设备设置、使用记录和预设安排选项。由于温控器连入了互联网，因此用户可在线上监控能源的使用情况；Nest 也能推送更新，以修复漏洞，提高温控器的性能，增加额外的功能。

Nest 的目标之一是节省 10% 的能源使用，但它其实在制热和制冷方面分别帮人们节省了 10% ～ 12% 和 15%。这意味着，用户使用该温控器不到 2 年就能赚回成本，同时减少了全球能源使用足迹，为环保做出了贡献。Nest 的目标之二是扩展产品线。他们在 2013 年第一次增加了智能烟感器（Nest Protect），它能探测烟雾和一氧化碳；2015 年，增加了一款家用监控摄像头，名为智能摄像头（Nest Cam）。上述两个产品都和初代温控器有着相似的特征。

2014 年 1 月，谷歌以高达 32 亿美元的价格收购了 Nest 实验室，当时有 280 名员工，销售总额约 3 亿美元。谷歌为什么要收购呢？因为智能家居领域的潜能，以及谷歌计划在该领域和苹果公司竞争的战略目标。谷歌有志于通过智能家居产品"谷歌家庭"（Google Home）及其虚拟助手，在智能家居领域与亚马逊的智能音箱艾科（Echo）和智能语音助手 Alexa抗衡。该战略的一个重要组成部分便是"物联网"设备。

在被收购后的前几年里，Nest 实验室都独立于谷歌公司进行运作。不过，在 2018 年，Nest 实验室被纳入谷歌的智能家居单元；2019 年，谷歌宣布旗下所有家用电子产品都将以 Google Nest 品牌进行推销。考虑到产品的标价，Nest 实验室的财务业绩的确不尽如人意，但是它确实向谷歌的战略方向迈出了一步。

日本啤酒产业

在 20 世纪 70 年代到 80 年代中期，麒麟啤酒厂的拉格啤酒被称为"啤酒爱好者的选择"，主宰了日本市场，市场份额基本稳定在 60%。竞争对手朝日啤酒公司的市场份额逐渐下跌到了 10% 以下，朝日意识到自己面临着生存危机。随后，朝日公司迎来了一名新社长村井勉，他提出了公司信条——鼓励创新，并成立了特别小组，示意公司将进行改革。在此背景下，有人认为，市场上或许有部分消费者已经对拉格啤酒口味感到厌倦了。于是，朝日公司批准了有一定风险的生啤酒的一款新变体，之后命名为"超爽"（Super Dry）。该项改革可以说决定了公司命运。

1986 年，朝日公司推出了"超爽"啤酒，在啤酒品类中创建了一个新细分品类。这种啤酒口感纯正、清爽，没有浓郁的麦芽味（提高酒精浓度，降低糖分含量，添加特殊酵母）。它更具现代感，运用了大量欧美符号，针对的是市场上更为年轻的顾客群体。在短短两年中，朝日公司的市场份额翻了一倍，而麒麟啤酒的份额则相应地减少。麒麟啤酒像一个气得跺脚的巨人，之后推出了"麒麟爽啤"（Kirin Dry），试图与朝日竞争，却以失败告终。

1990 年，麒麟啤酒触底反弹，它创造出了另一个细分品类的产品"麒麟一番榨"（Kirin Ichiban）啤酒。这款啤酒由一种新的昂贵工艺制成，口感比拉格啤酒更淡、更醇和，回味不苦。

然而，在20世纪90年代中期，"超爽"啤酒细分品类重新定位，主打口味清爽，广受人们喜爱，于是麒麟啤酒的市场份额再次下滑。与此同时，麒麟公司的拉格啤酒品牌的影响力也被削弱，因为其旗舰品牌"麒麟拉格"（Kirin Lager）被替换为了"麒麟爽啤"（Kirin Draft）——部分原因是朝日公司自称引领了新兴的生啤酒细分品类，引起了麒麟公司的强烈不满。结果朝日的市场份额进一步增加，之后完全超过麒麟，这可谓是一项了不起的成就。

对范围更广的啤酒品类来说，传统啤酒的销量在1980～1994年翻了一倍，2005年又下滑到1980年的水平，随后以较缓慢的速度持续下降。麒麟公司决定，与其在一个衰落品类中和朝日公司竞争，不如进入其他三个细分品类，成为领军者。

1998年，麒麟公司推出了"淡丽"（Tanrei）系列，进军发泡酒细分品类。发泡酒的风味类似于啤酒，但麦芽含量较低，不符合日本酒税法上对啤酒的定义，因此需缴纳的税额也较低。2001年，麒麟公司又推出了"冰结"（Hyoketsu）系列，进入碳酸蒸馏酒饮料细分品类——一种添加了鲜榨果汁、以即饮伏特加为基底的碳酸气泡鸡尾酒。2005年，"喉感"（Nodogoshi）系列推出，进入第三类啤酒[⊖]（third beer）细分品类，这类饮品具有啤酒风味，但不含麦芽，因此税额也更低。麒麟公司并非上述三个细分品类的创建者，却迅速成为该领域的领军者或领军者之一，例如，预调酒精饮料（Chu-Hai）细分品类中的三得利啤酒公司（Suntory），和麒麟相比，其产品的甜度更高、苦味更淡。到了2010年，这三个细分品类的发展已经远远超过传统啤酒。

麒麟啤酒将重心从传统啤酒上移开，给自己创造了增长的机会，其高档品牌"一番榨"系列也应运而生。不过，转移重心的不仅是麒麟公

⊖　第三类啤酒指的是一种在酿造过程中不使用任何麦芽的啤酒。——译者注

司，三得利公司也紧随其后，推出了顶级啤酒"万志"（Premium Malts）系列，邀请日本著名摇滚明星进行了巧妙的广告宣传，将其定位为一款"精致的礼物"或者"可负担的奢侈品"。

从这些案例研究中可以发现，相较传统的品牌偏好竞争，市场细分品类的竞争能更好地诠释市场动态。我们能从中学到什么呢？那就是成长的最佳途径是创建并捍卫一个新的颠覆性细分品类。

CHAPTER 1

第 一 章

创建颠覆性细分品类是
增长的唯一路径

"别做最好中的最好，要做唯一。"

——杰里·加西亚（Jerry Garcia）

感恩至死乐队主唱兼吉他手

几年前，我对日本啤酒市场进行了研究，如前言所述，我发现了一个很耐人寻味的问题。日本啤酒市场的新产品数以百计，广告费用昂贵，营销方式也极富想象力，但长久以来，该市场都处于一个稳定状态。在过去30多年中，明显的市场动态很大程度上可以归因于出现了扰乱市场的几个新细分品类，以及随后这些新细分品类之间的竞争。在大多数成功案例中，似乎都提到了要在新细分品类中获得并保持相关性，同时防止对手进行同样的操作。不过，我想知道，这究竟是怎么一回事呢？

于是我又研究了许多其他品类的市场。尽管缺少日本啤酒市场案例那样的数据，但我还是发现了相似的问题：几乎每次销量的猛增都能用颠覆性细分品类的出现来解释。这一新发展改变了人们的购物选择，以及他们对整个品类、自己的购买决定和使用体验的看法。新的品牌和产品因而从中获利，其他品牌和产品则逐渐消失。目标顾客群能快速把握该品牌新的"必备要素"，觉得自己非买不可。通常，这都是某个发展迅猛细分品类中的龙头品牌，而且也常常是相关性最强甚至是唯一具有相关性的品牌。

通过长期观察这些不同品类表现出的相似市场动态，我得出了一个稍显激进的结论：除非情况罕见，否则增长的唯一途径就是定义某个颠覆性细分品类，创造出顾客"非买不可"的产品。这是唯一的途径！

我在写本书时，研究过相关的背景信息，还发现了另一个现象，即20多年来的数字化转型，大大影响了企业通过创建品类来实现飞跃性发展的做法。数字化发展提高了新品类和细分品类变体的可行性，创建了连接市场的电子商务通道，连通了与顾客沟通的网站和社交媒体，促进了品牌社区的建设。因此，以往推行战略创新的世界已经改变，激增的订单数量促使细分品类形成的频率加快。本章最后将具体阐释数字化发展对细分品类的形成带来了哪些影响，第三章至第六章将详细讨论已启用数字化的细分品类。

　　不过，我们首先要定义并阐释颠覆性细分品类这个概念，然后谈谈如何识别并创建这些颠覆性细分品类。

定义颠覆性细分品类

颠覆性细分品类是：

- 颠覆性细分品类的定义与一系列**新的或改进后的"必备要素"**有关（几乎总是不止一个），这些产品能提供不同且更优的购买体验、使用体验或更有意义的品牌关系。
- 颠覆性细分品类的代表是其**标杆品牌**，它能提高颠覆性细分品类的知名度和地位，帮助其获得成功。
- 颠覆性细分品类拥有**核心顾客群**，他们忠实于该细分品类及标杆品牌，其忠诚度和影响力能促进细分品类的发展。颠覆性细分品类与核心顾客群之间的关系通常不只限于产品功能层面，还包括情感、自我表达和社会利益层面，从某种程度上说，该标杆品牌的价值和构成是两者关系的基础。
- 颠覆性细分品类能**建立一系列壁垒**，限制竞争对手的发展，使其产品无法具备相关性。壁垒包括忠实的顾客群和"必备要素"的关联性。

　　简言之，颠覆性细分品类由一组"必备要素"所定义，以标杆品牌为代表，由核心顾客群所支持，受到竞争壁垒的保护，并提供全新或更优质的购买体验、使用体验或品牌关系。

细分品类

细分品类是某品类的子集。某新型"必备要素"可以隶属于多个"品类"。例如，丰田普锐斯就可被划分到紧凑型轿车或混合动力紧凑型轿车两种品类下，至于实际如何划分，将取决于相关细分市场的规模大小，以及"必备要素"在该市场中的吸引力。

在一定情况下，参考品类的特性能激活"必备要素"，塑造人们对细分品类的理解。例如，博尔豪斯农场（Boathouse Farms）将生胡萝卜定位为一种零食，成功让胡萝卜的销量激增。他们发起了一项名为"请把它当成垃圾食品一样吃吧"的营销活动，该活动把小胡萝卜比作奇多、多力多滋等零食，从而提高了胡萝卜的销量。此外，博尔豪斯农场还推出了自动售货机版和多种口味的胡萝卜，并请《芝麻街》中的角色来代言，这些定位策略都取得了成效。如果当初选择的品类不是普遍的零食，而是蔬菜零食或胡萝卜的话，那么"健康饮食"这个"必备要素"就不会存在了。因此，要有策略地选择参考品类。

有时，颠覆性细分品类会被定义为一个新品类，易集就是这样的例子，但相较之下，出现新品类的情况比出现细分品类的情况更少见。而且，就算某颠覆性细分品类被定义成了一个品类，我们挖掘其潜力所需的思维方式和过程也不会改变。因此，尽管有时"新品类"这个术语显得更准确，本书也会采用"细分品类"这个说法。

那么创造、管理和主导新型颠覆性细分品类会带来什么好处呢？为了理解这一点，首先要研究不这么做会怎么样，即品牌偏好的竞争。

通过品牌偏好竞争

到目前为止，商业领域更常见的策略是进行品牌偏好竞争，关注客户喜爱的现有品类或细分品类，从中创造出一个品牌，竞争的核心是"我的品牌优于你的品牌"。通常，人们会采取下列两种策略，不过，两种策略下的竞争都十分激烈。

第一种策略是进行渐进性创新，打赢品牌竞争战。这能让品牌更具吸引力，更加可靠，价格更低，购买和服务体验更愉快，典型的准则是：让产品更优质、更实惠、更易操作。但是，问题在于，客户通常认为渐进性创新没有新闻价值，自利性的营销传播也不值得信赖。不仅如此，竞争对手还会迅速复制你的创新点，或者暗示他们也能做到。

第二种策略是优化营销方式：投入更多的费用，采用更聪明的广告宣传方式，提升促销活动的影响力，提高赞助商的可见度，参与更具影响力的社交媒体节目。问题是，面对不感兴趣和持怀疑态度的受众，以及有着相同想法的竞争对手，要制定出真正优秀的并具突破性的营销策略并不容易。

总而言之，对于依赖品牌偏好竞争的企业而言，不论其渐进性创新策略产生了多大的影响力，营销策略有多么精妙，都很少能改变市场的格局。几乎在所有的市场中，品牌的定位都惊人得稳定。在错综复杂的市场面前，客户数量太多，市场动能太大。

即使你的目标是避免输给竞争对手，而不是发展品牌，你也有必要进行品牌偏好的竞争。但是，我想重申一遍：品牌偏好的竞争十分激烈。

通过品牌领导力竞争

通往成功的第二条途径是品牌领导力的竞争，它聚焦于创造和／或拥有由客户的"必备要素"所定义的新细分品类。该策略与前面提到的策略有很大不同。

与渐进性创新策略不一样，领军品牌参与的是变革性创新或实质性创新，能从中创造出颠覆性细分品类（详见后文"变革性／实质性创新与渐进性创新"）。这包括承担风险，对潜在的成功市场-细分品类进行投入。

某品牌能成功不再是因为"我的品牌优于你的品牌"，而是因为它是该新细分品类下的唯一，或者至少是最具相关性的品牌。竞争对手输就输在他们没有这些"必备要素"。

想要成功，就必须完成下列挑战：

- 第一，寻找、激发或创造出"必备要素"，来定义新的颠覆性细分品类。
- 第二，成为标杆品牌，代表细分品类的内涵，引领市场，成为该细分品类中最具相关性的品牌。
- 第三，建立忠于该细分品类及标杆品牌的核心顾客群，他们会影响到其他客户，也很难被别的品牌"偷走"。
- 第四，给竞争对手设置壁垒，让他们无法在该新细分品类中获得相关性。

要完成这些挑战并不容易，但是你一旦成功，就会获得巨大的回报。接下来我们将详细讨论下列四个重要概念。

什么是"必备要素"

"必备要素"能定义颠覆性细分品类的内涵，推动其发展。不过，究竟什么是"必备要素"，如何才能知道你拥有了"必备要素"呢？

"必备要素"是标杆品牌的特质之一，它能定义细分品类，帮助其进行自我定位，建立忠实的顾客群。从根本上说，"必备要素"的特质和客户的忠诚度息息相关。有效且具备相关性的"必备要素"能创造出忠实的核心顾客群，这将是该细分品类及其标杆品牌的实力基础。在上述核心顾客群中，应该会出现一个充满热情且直言不讳的子群体，和他们相比，其他客户的参与度略低，但他们也会持续回购该细分品类的产品。没有"必备要素"的竞争对手就不具备相关性，产品的知名度和可信度较低，因此，客户不会选择购买他们的产品。

我们可以采取一种既直接又客观的方式，即向潜在客户提问：就算某品牌的产品不具备"必备要素"，你也会购买吗？如果某品牌的产品具备"必备要素"，你愿意专程驱车赶到8公里外的地方，或者花更多的钱来购买吗？但是，这种方式有两个问题：第一，若"必备要素"尚不存在于市场中，就不会出现相关的产品评论，客户也无法亲眼见到它，所以我们很难准确描述拥有"必备要素"的特质是一种怎样的体验；第二，人们在参加这类问卷调查时，一般也只是说说罢了，并不会付诸行动。不过，这个概念的重点在于，具备"必备要素"的品牌应该能完胜不具备"必备要素"的品牌。

在定义"必备要素"时，可能需要增加或增强产品的功能性利益。例如：

- 特征/优点——雷克萨斯汽车（质量优良）、耐克＋（Nike Plus）手机软件（可追踪佩戴者的运动数据）。

- 产品设计——"好时之吻"巧克力、苹果应用商店、大众甲壳虫轿车。
- 系统魅力——微软办公软件、亚马逊搜索／下单／物流。
- 关注细分市场——露娜（Luna，针对女性推出的营养能量棒）；肖尔代斯疝专科医院（Shouldice Hernia Hospital，专注疝气手术治疗）。
- 客户亲密度——星巴克、丽嘉酒店、丝芙兰美妆品牌。
- 价格实惠——现代汽车、沃尔玛超市、麦克斯折扣店。
- 高端产品——奔驰、劳力士、戴森。
- 新一代产品——特斯拉（Tesla）、赛富时（Salesforce，云计算互联网企业先驱）。
- 电商便利性——沃比·帕克（眼镜电商）、无品牌（Brandless，平价家居用品电商）。
- 产品范围——塔吉特百货公司、希尔顿酒店、松下电器。
- 热门活动——爱彼迎（Airbnb）、伯顿滑雪板（Burton Snowboard）。
- 商品原产国——加拿大鹅（加拿大的户外服装品牌）、奔驰。
- 提高产品价值——戴比尔斯钻石珠宝（钻石恒久远，一颗永流传），苹果公司（制造出疯狂而伟大的产品）。

不过，就算不具备功能性利益，只要品牌关系对客户是有意义的，也能创造出"必备要素"。通常来说，这类"必备要素"更容易创造出来，也更难复制。例如：

- 共同兴趣——REI 户外娱乐服务公司与露营／远足，帮宝适与婴儿护理，凯撒医疗集团（Kaiser Permanente）与健康。
- 组织价值观——客户主导，如诺德斯特龙（Nordstrom）；创新，如3M 公司；关注社会问题，如联合利华（Unilever）。

- 更高的社会目标——家得宝（Home Depot，为退伍老兵建房的项目）、雅芳（乳腺癌防治项目的公益健走活动）。
- 更高的环境目标——美方洁（Method）、七世代（Seventh Generation）、巴塔哥尼亚公司。
- 个性——西南航空公司、一美元剃须俱乐部（Dollar Shave Club）、耐克公司。
- 热情——全食超市（售卖有机食品）、易集。
- 品牌社区——哈雷·戴维森的骑手社区、丝芙兰的 BI 会员。
- 个人联络——美捷步（购鞋网站）、好事达保险公司。

同等水平的"必备要素"，消除"不购买的理由"

除了具有其他产品缺乏特征或内涵的"必备要素"外，还有同等水平的"必备要素"。我们要改变客户"不购买的理由"，让他们认识到某细分品类及标杆品牌符合他们的需求，或者"足够接近"他们的预期。因此，它们达到同等水平的需求，客户可以考虑购买。例如，特斯拉就需要证明它的电池续航能力能够满足驾驶员的行车和里程需求；沃比·帕克眼镜公司推出在家"免费试戴 5 副镜框"的活动，解决了客户网购眼镜时"无法试戴"的痛点，消除了"不购买的理由"。这些是同等水平的"必备要素"，与占优势的"必备要素"平分秋色。

某品类同等水平的"必备要素"有时也会成为另一品类的优势"必备要素"。例如，特斯拉的续航里程数，在混合动力车中属于车辆的共同点，但在其他纯电动汽车中却属于具有优势的不同点；同样，沃比·帕克眼镜公司推出"免费试戴 5 副镜框"的活动，这在与眼镜电商公司竞争中也可视为具有优势的不同点。

高层级"必备要素"与支持性"必备要素"

我发现大部分新型细分品类都是由多种"必备要素"所定义的。例如，沃比·帕克眼镜公司就拥有高质量的设计、"免费试戴 5 副镜框"的活动、迅速响应的客户服务，以及低廉的价格；谷歌旗下的智能家居品牌 Nest 拥有机器学习技术和独特的设计。这些都是横向的"必备要素"，当然，还有纵向的"必备要素"。

纵向的"必备要素"可分为多个层级。最高层级或伞状"必备要素"会展现它与客户的基本联系，可能涉及某种个性、社会使命，或者对某个兴趣领域抱有相同目标或热情的一系列特征。这类高层级的"必备要素"也许会显得比较抽象，缺少实质性内容，进而影响其可信度，因此需要支持性"必备要素"来帮忙。支持性"必备要素"也许本身就具备一定的影响力，至少曾经具备过影响力，但当它们与更高层级或伞状"必备要素"相结合时，影响力将大大增加。

先说说易集这个例子，该平台的特色包括卖家社区和对手工艺的热爱，两者都可以被视为更高层级或伞状"必备要素"，分别提供功能性价值和身处共同爱好组织的归属感。两者都有支持性"必备要素"，即提供所依据的具体项目。若没有这些支持性"必备要素"，更高层级或伞状"必备要素"就显得缺少实质性内容。例如，卖家社区就给用户提供了手册、论坛和小组讨论服务等"必备要素"，需要定期管理；对手工艺的热爱体现在有趣的手工艺品简介、手工艺人及其藏品故事这类"必备要素"中。总的来说，支持性"必备要素"是不可或缺的。

再来谈谈丰田普锐斯，其更高层级或伞状"必备要素"是丰田技术，支持性"必备要素"包括油电复合动力系统、汽油里程规格、安全性能和操控性等。对于沃比·帕克眼镜公司而言，更高层级或伞状"必备要素"是顾客服务体验，但是单看这一项略显空泛，有了来电迅速响应和

"免费试戴5副镜框"等辅助型"必备要素"，顾客服务体验就有了实质性内容，也就显得饱满了。

寻找"必备要素"

有时，拥有"必备要素"的机会会十分明显地摆在你面前——至少人们事后回想时会这么认为。例如，显然存在对网上手工艺品市场的需求，只要有资源，该市场就能建立起来；沃比·帕克眼镜公司抓住的机会也是这样。当我们发现了这样的机会，就要全身心地投入，还要知道首次尝试不会总是以完美结尾——但这也不失为一次良好的尝试，为进一步的改进提供了基础。不过，人们常常会夸大自己面对的困难，因而推迟或拒绝眼前的机会。那么，我们应该怎么做呢？当机会来敲门时，一定要认真对待。

当然，你必须在正确的时间出现在正确的位置，才能以正确的视角发现潜在的"必备要素"。个人和组织要有了解技术、市场、客户烦恼和需求的文化和流程，这样才更有可能发现"必备要素"。有哪些技术正在兴起？市场真正的长期趋势是什么？顾客讨厌哪些购买和使用体验？顾客是否太习惯于现状，以至于有的需求连自己都不知道？正如路易斯·巴斯德（Louis Pasteur）所说，"机会总是留给有准备的头脑"。的确，创新和战略存在运气的成分，但是，如果你有所准备，幸运就更可能发生在你的身上。本书第七章将讨论如何准备。

大型组织还面临着其他的挑战，它要寻找并建立提供信息流的人员和开发系统。为了激活这类计划，它需要培养内部文化，确定运行流程和资源分配体系。这些计划可能最初并不起眼，甚至会被人认为侵占了风险较小的渐进性创新举措的资源，因而缺乏政策性支持。所以，要想给这类新的变革性创新或实质性创新注入活力，也许要建立一个不受大型组织支配的独立团队。例如，谷歌 X 实验室（Google X）就推出了"登月计划"（MoonShot）。一般来说，大型公司不会支持这类大胆的小实验。

评估"必备要素"

对"必备要素"的评估是一个主观过程，容易受偏见的影响。从某种程度上说，乐观偏见部分源于创新带头人的兴奋、投资和承诺，以及其他人希望该"必备要素"能成功的愿望；悲观偏见部分源于大多数组织在面对大额投资（这当然会减少其他地方的投资选择）时的风险规避本性，以及围绕潜在"必备要素"的高度不确定性。要解决上述两类偏见，就要提出尖锐的问题，客观地分析，并设法避免政治压力的干扰。做到这些可不容易，详情见第八章。

变革性 / 实质性创新与渐进性创新

要创造出"必备要素"，仅有渐进性创新是不够的，通常还要靠变革性创新让产品发生本质性变化（如太阳马戏团、丰田普锐斯或沃比·帕克线上购买眼镜服务）或者实质性创新。关键挑战在于确定什么时候创新是渐进性的。

与变革性创新不同，实质性创新不会改变产品的基本特征，而是会大大强化产品的特征，为其添加新的"必备要素"，或者改进产品的某个关键特征——不管什么产品，只要没有该特征，客户都不会购买。想想有哪些实质性创新创造了新的颠覆性细分品类：造型新颖的初代苹果 iMac、朝日"超爽"啤酒、美国西南航空的个性化服务和点对点短程直飞、威斯汀的"天梦之床"和博尔豪斯农场的胡萝卜零食。虽然每种产品都和已有的产品非常相似，但是它们有了一组新特征，进而为新细分品类的定义奠定了基础。结果出现了一个实质性的重大改变，促使顾客重新思考他们对产品的忠诚度和理解。如果竞争对手的产品没有该新特征，那么消费者就不会考虑购买该产品。

渐进性创新是品牌偏好竞争的驱动力，但它只能在一定程度上改善品牌偏好。因此，渐进性创新带来的差异并不大。在某些情况下，渐进性创新只能给品牌偏好带来些许的改善，甚至连顾客都不会注意到；在其他情况下，渐进性创新将显著提高品牌的健康度和忠诚度。不过，不论是哪种情况，最终起作用的都是品牌偏好。

人们偏向把渐进性的"小我"创新作为现有核心业务，原因是，一方面在于为公司创造了大部分销售额和利润的高管支持这类投资，另一方面在于这类创新似乎更能获得肯定和可量化的回报。

除了用一系列渐进性创新来支持已有业务单元外，还应该合理地结合变革性创新和实质性创新。这些创新举措能发挥其潜力，使企业获得"全垒打"式的增长，因此需要成为研发创新组合的重要部分。不过，理论和现实通常存在差距。例如，2018 年一项针对全球 260 家企业的研究发现，企业研发预算的 50% 用于渐进性创新，30% 用于将业务转到邻近产品市场，20% 用于变革性创新。如果你所在的公司在"登月计划"上的花费不到 20%，那可能太过保守了。

成为品类的标杆品牌

经营新的细分品类要从成为标杆品牌做起。标杆品牌是细分品类的代表品牌，在该细分品类中具有一定的影响力。标杆品牌不一定是创始品牌，它是第一个抓住该细分品类核心的品牌。例如，麒麟啤酒并不是第一个出售发泡酒、第三类啤酒和碳酸蒸馏酒饮料这三个细分品类的品牌，但是它成为前两者的标杆品牌和第三者的联合标杆品牌。

要成为标杆品牌，就要理解其中的规律，扮演好自己的角色。要有策略地优先创造、培养并传播"必备要素"，包括现有的同等水平的"必备要素"。在"必备要素"的内涵和优先次序的指导下，确定该细分品类的相关性和定位。例如，易集的"必备要素"包括吸引人的高质量手工艺品、创造力、连接起人们的故事以及社会 / 环境使命，对于卖家而言，易集能把他们的创意变成生意；普锐斯的"必备要素"是较长的最大续航里程、技术创新、设计独特和环保；智能家居品牌 Nest 的"必备要素"是机器学习、节能、吸引人的设计和便捷的操作。上述品牌都存在多个"必备要素"，每个"必备要素"都提供了一个选项，以促进品牌定位策略的制定。

标杆品牌的早期任务是管理**细分品类的知名度、可信度和定位**。顾客对颠覆性细分品类有所了解后，才决定购买该细分品类，再购买该品牌的其他产品——这个顺序不能反着来。好消息是，比起老生常谈地宣称"我的品牌优于你的品牌"，介绍新的颠覆性细分品类要更容易。但是，这需要使用社交媒体，讲述故事，吸引人们的注意力，让他们发出"哇"的感叹，以促进内容的传播。

标杆品牌代表了其对应的细分品类，因此，标杆品牌的一个重要任务是专注于该细分品类而非品牌本身，**引领细分品类的创新和理念**——这和大多数策略家所习惯的定位大不相同。它在于这是"超爽"系列的啤酒，而非"朝日"这个品牌；在于线上购买眼镜的业务，而非沃比·帕克这家公司；在于混合动力紧凑型汽车，而非普锐斯这个品牌。该定位策略的前提是：顾客会先决定购买什么细分品类，再决定购买什么品牌。所以，如果顾客选择了你的细分品类，就不会再考虑缺乏相关性的其他品牌。第九章将讨论如何成为标杆品牌。

建立忠实的核心客户群

忠实的客户群是企业成功的驱动力，他们保证了基础的销量。如果企业仅仅关注提高销量，而非建立忠实的客户群，那么企业就很难有所增长，毕竟对品牌不忠实的客户来了又会走。或许更重要的是，忠实的客户群会把产品口口相传，众所周知，这正是最具影响力和价值的品牌传播方式，因为信息来源是对产品有亲身体验的非利益相关者。就算某些忠实客户还说不上"热爱"产品，但是他们仍然能为其他购买者提供参考。

从策略上说，忠实的客户群往往是竞争对手进入该新细分品类路上的主要障碍，因为要想赶走忠实客户成本高昂，而且剩下的潜在客户通常都对该新细分品类不太感兴趣。

不论客户忠诚的基础是习惯、便捷性、强烈的情感，还是自我表达利益，战胜这种忠诚的成本都很高（如普锐斯的例子）。当涉及数字化体验时，即使是短期的优势，若经放大，这种产品体验也会形成障碍（如沃比·帕克眼镜公司的例子）。因此，关键是要尽早迅速地建立起障碍，阻止竞争对手的进入。

我们不仅要通过"必备要素"的力量和品牌传播计划来创造客户的忠诚度，还要花时间培养和激励，助其成长。一种方法是让客户参与进来，比如让客户参与到数字化品牌社区中。例如，传统草药公司（Traditional Medicinal）生产高品质的茶叶，旨在改善人们的健康状况。该公司的社交媒体账号有 200 多万粉丝，他们都很关注植物力量对疗愈和健康生活所起到的作用（第六章将详细讨论品牌社区的相关内容）。另一种方法是不断创新，持续地取悦客户群。只要核心客户群认为这是"新"的、有意思的创新，那么它就不一定非得是新的。

重要的是，取悦客户时要跳出固定思维，这样才能让某细分品类的早期客户转为忠实客户，同时不让客户在产品体验中感到失望。任何不完美都有可能成为客户"不买"的理由，而且这样的理由一旦出现，就很难让人改变主意。此外，如果该缺陷有一定的新闻价值，那么它还可能变得人尽皆知。

给竞争对手设置壁垒

我们还有一个重要的任务，那就是防止竞争对手在新的颠覆性细分品类中获得知名度和可信度，进而获得相关性。如果竞争对手具备获得相关性的能力，甚至已经展现出相关性，那么就算你创建了颠覆性细分品类，这也只是暂时的胜利。壁垒能对竞争对手起到阻碍作用，给客户"留下来的理由"，同时避免出现会让他们"离开的理由"。在数字化背景下，如果我们能快速扩大策略，那么即便是基于客户习惯和忠诚度的壁垒，也能发挥作用。

除了忠实的客户群之外（如亚马逊的顾客群），还有很多别的壁垒，能将细分品类的暂时成功转换为持续的胜利，这部分内容将在第十章讨论。壁垒的基础可以是专利技术、专有工艺或大额投资。不过，最有效的壁垒是面向客户的品牌联想，比如对手工艺的热情（易集）、基于真实性的信任（朝日"超爽"系列啤酒）、履行品牌承诺的出色表现（沃比·帕克眼镜公司）、品牌创造（丰田油电混合动力系统）、品牌社区（传统草药公司关注植物力量的社区），以及持续的创新（普锐斯的混合动力紧凑型轿车）。

防守

此外，为了巩固客户对细分品类和标杆品牌的喜爱，你还要进行防守。把自己当作饥渴的潜在竞争对手，从他们的角度审视你的产品。客户有不满吗？有未被满足的需求吗？能找到创造新"必备要素"的切入点吗？如何阻止或挫败潜在竞争对手？从长远来看，先发制人的策略会有回报吗？

防守可以包括增加功能、创造细分品类的产品，虽然这类产品在价格上可能不具有优势，但它们是竞争对手的潜在立足点。如果产品的类型太多，成本也会受影响，导致品牌混乱。然而，这样也许能补上新细分品类堡垒上的漏洞。例如，对于饮料而言，防守就包括寻找有价值的子市场来创造新的产品组成、更有趣或更浓郁的口感、新的派送方式、新包装、产品的高端版本或优惠版本等。要密切关注市场，留意正在吸引市场关注的类似产品，准备好防守和进攻的策略。

防守也包括击退低成本竞争者，他们把种类有限和/或劣质的产品带入市场，来吸引买不起或不愿以现有市场价格购买的客户。克莱顿·克里斯坦森（Clayton Christiansen）在其经典著作《创新者的窘境》（*The Innovator's Dilemma*）中指出，丰田和佳能最初进入美国市场时，产品种类有限，质量较差，但随着时间的推移，其产品的质量和功能都有所提高，最终分别超过所在品类的领头羊——美国通用汽车公司（GM）和美国施乐公司（Xerox）。回望过去，市场领军者其实有必要推出低配置的"战斗品牌"（fighter brands），以吸收低端需求，即便无利可图，只要能避免丰田和佳能那样获得立足点，就是值得的。

抓住创建细分品类的时机

对于许多公司而言，掌控投资基金的人会反对创建新的颠覆性细分品类的机会。

他们的渐进性创新也许更有说服力，况且颠覆性创新还存在下列风险：

- 高估潜在客户群的规模。
- 错误评估"必备要素"，最后发现它们通常只是"有了也不错"或"容易复制"的产品。
- 将新的颠覆性细分品类带入市场的同时，还需要配套品牌、分销结构和制造 / 服务模型。
- 习惯于品牌偏好竞争的市场营销专业人士，并不熟悉让颠覆性细分品类成功的方法。
- 需要创造壁垒，让新的颠覆性细分品类的努力不是短期的成功，而是能够得以延续。

这些都是艰巨的挑战，也难以预测结果。然而，只要存在机会，就必须认识到也有获得巨大回报的可能性。这就是经济学的第一课：如果你能成为某个领域可见且可信的唯一选项，这就会减少甚至完全消除激烈竞争所需的各类成本，这可太好了。第二章将介绍一系列获得了惊人回报的颠覆性细分品类。

细分品类成熟之时

新的颠覆性细分品类能迅速刺激增长，但这种状态不会一直持续下去，因为它有一个有效期。策略的真正关键在于：要不断寻找可创造或加入的新的颠覆性细分品类，并意识到现有的颠覆性细分品类也许只是一个现金牛，不能成为未来的明星。

麒麟啤酒就有过这样的经历。当时他们意识到，麒麟一番榨啤酒曾获得过巨大的成功，成为颠覆性细分品类的标杆产品，但也面临着日益衰落的命运，不能将投资重点放在该传统啤酒品类上，以使获得企业增长。因此，麒麟啤酒转向了新的颠覆性细分品类，如发泡酒、碳酸蒸馏酒饮料和第三类啤酒。同样，丰田也最终意识到，普锐斯已到达产品的成熟阶段，虽然需要继续支持它，但也要关注其他颠覆性细分品类，如混合动力 SUV 和混合动力豪华轿车。

数字时代的影响

在 2010 年之前的半个世纪里，并未经常出现新的颠覆性细分品类。以日本啤酒市场为例，重新定位或新出现的细分市场很少改变市场份额的轨迹——在近 50 年中也许只有不到 12 次。在汽车行业，像普锐斯这样能搅动市场的颠覆性细分品类更多，但出现频率仍然不高。不过，这一切都变了。

数字技术让通往颠覆性细分品类的道路变得更宽和更短，越来越多的品牌和企业频繁地在这条路上往来。新细分品类的加速发展带来了更多的进入者和成功。早期成长对于创造、建立并拥有一个新的颠覆性细分品类来说很关键，因为早期成长能创造品牌领导力，从而使其更有可能成为新细分品类的标杆品牌，建立客户群，给竞争对手设置壁垒。

数字化发展为何导致了新的颠覆性细分品类的加速形成？原因有四。

第一，技术进步。影响创新平台的数字技术进步急剧增长。例如，在 2007 年后的 10 年时间中，网速提高了 4 倍；2019 年的智能手机用户数量是 2010 年的 10 倍；2010 ～ 2020 年，云托管和云存储服务增长了 10 倍。全球定位系统（GPS）逐渐完善，微型计算机的成本降低且运行能力提高，语音识别技术、传感器和相机得到改善，这些发展让面向客户的创新成为可能，这在以前是行不通的。

存储和合并不同数据集的能力也得到了提高。这些数据集包括顾客的搜索、挑选和购买行为，以及它们之间的部分交互，包括与品牌相关的互动，还有天气、零售商位置等外部数据。因此，人们现在能分析其中的业务模式和关系，从而创造出新的"必备要素"，或者改进已有的"必备要素"。机器学习软件提供了在没有人类指导的情况下就能进行学习的能力。

这些技术的进步意味着：存在更多通往有意义创新的潜在路径。数字技术能创造、改进或提高产品，如 Nest 的智能温控器，它还能改进产品从购买到交付的各个流程，从而创造出"必备要素"，这样的例子有很多。

第二，市场准入。让我们回到 20 年前，在大部分情况下，新的细分品类要想进入市场，就必须让大型零售商销售其产品，甚至要创建新的连锁店；如果产品的目标受众是企业，那么可能需要组建或联系相应的销售团队。上述所有选择都可能涉及大量投资、数月甚至数年时间。

数字化改变了这一切，现在大大小小的企业创新者都能通过电子商务进入市场，不受地理或推销群体的限制。在一些情况下，企业有了想法后，只需几周的时间，就可以全面开始运作。这样能绕过进入市场的传统壁垒，如分销势力和老品牌的力量。

小型公司和初创企业能在没有巨额投资的情况下进入市场，因此，它们也成了参与者甚至领军者。像沃比·帕克眼镜公司这样的商家能够通过建立网站，直接访问目标市场。优步、易集、易趣、亚马逊和爱彼迎等平台，可以高效地将买家和卖家连接起来。

第三，新的传播渠道。我们再次回到20年前，人们推出一个新产品时，通常必须设计一个包括媒体广告或活动赞助在内的宣传方案。由于成本很高，必须不断完善该产品的理念和定位，才能真正与受众契合。因此，计划必须完美，于是几个月的时间又过去了。

在数字时代，这一切都变了。新细分品类的标杆品牌可通过网站和社交媒体与顾客进行沟通，这种方式既巧妙又有趣。人们能使用各类搜索引擎，包括谷歌和亚马逊，并非只有大型知名品牌和产品才能利用。这些都能以"边测试边学习"的方式快速实现，所需投资也很低。因此，更多企业家在企业内部和外部创建了更多的细分品类。

此外，这些新方法不仅能传播产品及其优势，还能直接与顾客群接触，呈现出乐于互动的风格和个性，为创造"必备要素"奠定基础。此外，数字化网站能支持成为"必备要素"的小众品牌社区，吸引到乐于参与且忠实的顾客群。

第四，数字化能带来成功。当人们克服困难并创造出颠覆性细分品类后，这种可见的成功能吸引其他受到鼓舞的人。得益于数字化的、可见的成功有很多。通常，成功可以通过销售额的增长、浏览量或关注者的数量来进行量化。有时，会有一个市场评估标准来衡量上述数字，这便是最终的标准。第二章将回顾与数字化相关的新的颠覆性细分品类带来的成功。

因此，数字世界意味着颠覆性细分品类的创造和竞争将有更重要的战略意义。与过去相比，那些具有洞察力和创新精神的企业将会有更多的增长机会，初创企业以及敏捷、精通数字技术的组织的创业能力也将发挥巨大作用。一成不变、确立已久的市场领军者将迎来挑战，必须想办法保持自己的相关性。

"低数字化"和"无数字化"的案例研究

本书聚焦企业增长，讨论了如何通过创造"必备要素"，进而形成颠覆性细分品类的过程来实现增长。不过，企业增长并不局限于受到数字化驱动或助力的情况，也并非全球数字化的某个应用，这类增长还可来自"低数字化"（数字化扮演次要角色）甚至"无数字化"（完全不涉及数字化）的颠覆性细分品类。

本书的第二章和第七至十章将举例说明非数字化驱动或助力的情况。这些例子的存在说明，尽管现在许多企业的增长都靠数字化驱动或助力，但企业增长仍然存在其他方式。这些案例不仅提供了促使企业增长的其他机会，还从另一个视角介绍了颠覆性细分品类的本质。我研究了在没有数字化覆盖的情况下，寻找、评估和管理颠覆性细分品类，并为其创建壁垒的基本原理。

由于数字化策略的门槛较低，许多数字化出现在初创公司而非老牌公司中。不过，它对大型老牌公司也适用，而且这些公司还可以利用其他资产和潜在壁垒（如与企业规模、品牌资产和市场占有率相关）。

后文概述

在第二章，我们将讨论一系列案例和更普遍的实证研究，说明这种企业增长策略能带来什么回报。接着，我们会讨论数字化战略，包括共享经济（如第三章的爱彼迎）、电商公司（如第四章的亚马逊及其竞争对手）和物联网（如第五章的亚马逊智能语音助手 Alexa)。第六章将探索数字化的力量，它能激活创建颠覆性细分品类所需的关键因素（无论是否受到数字化驱动），包括数字传播，以及培养客户忠诚度和个性化的品牌社区。

这个数字化竞技场是人们的关注点，因为许多颠覆性细分品类的创造都来自数字化能力或数字化体验的驱动或助力。此外，数字化驱动的细分品类发展速度快，因此不用等 10 年才能看到该细分品类的全貌，只需几年就能出现。

在接下来的四章中，我会把目光投向数字化之外，进一步阐述：

- 如何寻找形成新的颠覆性细分品类的"必备要素"，以吸引忠实的顾客群（第七章）。
- 如何评估这些"必备要素"及其所形成的细分品类的未来（第八章）。
- 如何管理新的颠覆性细分品类，使企业增长并取得成功——成为标杆品牌，以及管理"必备要素"（第九章）。
- 如何构建壁垒，阻止渴望与新的颠覆性细分品类建立相关性的竞争对手（第十章）。

本书第十一章将总结本书的 20 条要点。

CHAPTER 2

第 二 章

回　报

> "一开始他们无视你，接着嘲笑你，进而打击你，但最终他们会输给你。"
>
> **——据说出自圣雄甘地（Mahatma Gandhi）**

创建新的颠覆性细分品类的"必备要素",成为标杆品牌并保持优势,管理这些细分品类并获得成功,给竞争对手设置壁垒……这一切有什么回报呢?这种策略具有风险,也应该得到相应较高的回报。

我们知道,创建并管理一个由"必备要素"驱动的颠覆性细分品类,可能会带来一个竞争激烈的世界——其他竞争对手不具有相关性(没有知名度或可信度),或者至少在相关性上处于劣势。然而,经济理论显示,竞争压力一旦变小,客户忠诚度会上升,销售渠道会增加,市场营销成本会降低,客户数量会增加,价格压力会减小——这是一个十分理想的情况。

对于品牌而言,能够成为早期的市场领军者和标杆品牌(通常不是该市场的第一个品牌,而是第一个"做对了"的品牌),就意味着拥有了"先发优势"。这类品牌能建立壁垒,阻止想进入市场来"分一杯羹"的竞争对手。值得一提的是,这类品牌还能获得坚实的核心客户群、强劲且相关的品牌资产、高市场份额带来的权威性和经济规模,这些因素都能进一步扩大该品牌在细分品类的优势。

不过,从哪里能看出切实的回报呢?一种方式就是对创建了颠覆性细分品类的公司进行案例研究。我们也是从一组案例研究着手的,分析了五个迥然不同的品类。这些故事贯穿本书各个章节,极具启发性,它们作为有指导作用的榜样,不仅展示了上述策略确实能带来回报,还深刻分析了市场中的不同创新道路和方式。随后,我还讨论了数字化领域的大赢家,有的引言也提到过,从中能够发现获得成功的定性证据。

这个案例研究的过程对任何人都适用,你可以选择感兴趣的品类、自己所在的品类或者具有类似特征的品类进行阅读。阅读过程中,关注研究对象获得销量激增的原因,思考其是否是新的或重新定位的颠覆性细分品类造成的。通过这些非正式方法(informal methods),我惊讶地发现，颠覆性细分品类的概念能够很好地解释市场动态。

最后，我们将讨论广义上的经验证据，进一步论证投资颠覆性细分品类确实有回报。这些证据，有些涉及大型数据库，它们源自商业战略、研发以及新产品领域。

计算机行业

IBM 主宰了早期的计算机产业，以及随后的绝大部分主机。IBM 和所谓的"七个小矮人"竞争过，其中包括美国无线电公司（RCA）和美国通用电气公司（GE）。然而，随后出现的竞争对手并不是上述的"小矮人"，而是创建了新的颠覆性细分品类的公司。例如，美国数字设备公司（DEC），使用集成电路技术，推出了微型计算机和分布式计算，在 20 世纪 70 年代成为排名第二的计算机制造商；太阳计算机系统公司（Sun），在 20 世纪 80 年代开创性地推出了单用户使用的大型计算机工作站，成为美国销售额最快达到 10 亿美元的公司；硅图公司（SGI），创造了图形工作站，在计算机产业中占有一席之地；由迈克尔·戴尔（Michael Dell）于 1984 年创立的戴尔公司（Dell），采用最新技术组件，通过直销模式（build-to-order，即接单生产模式），改变了大众购买电脑的方式，戴尔公司在 8 年后跻身《财富》500 强企业，销售额高达 5.5 亿美元；接着，ThinkPad 在随后的便携式电脑细分品类中成为标杆品牌。

这些销量的激增都来自新型计算机，而非"我的品牌优于你的品牌"的市场营销策略。值得注意的是，除了 ThinkPad，其他所有创新产品都来自计算机领域的新竞争选手。此外，ThinkPad 的运营团队在佛罗里达州，和 IBM 的主要业务和组织相隔甚远。

苹果公司

苹果公司凭借麦金塔电脑（Macintosh，简称 Mac）的用户友好界面，创建了新的颠覆性细分品类，并保持了自身优势。在苹果公司 1984 年的电视广告中，屏幕上的"老大哥"（当然代表的是 IBM）正滔滔不绝地说着要有相同的意识形态，此时，一名身着白色背心和红色短裤的年轻女子，抡起一个大锤，掷向屏幕——这是现代最著名的广告之一。在随后的十多年中，Mac 的核心用户保持着对该产品的热情和忠诚，享受着看得见的自我表达利益，在具有创造力的社区中尤为如此。

随后，苹果公司又上市了一系列新产品，包括 iPod、iPad、iTunes、Apple Music、iPhone、Apple Watch 和 Apple store，其中的绝大部分产品和服务都成了相应新的颠覆性细分品类中的标杆品牌。有趣的是，其中很少见到技术性的突破，或者说，苹果公司一直处于新兴技术的前端，并且是充分利用该技术来回应顾客需求的第一人。此外，苹果公司还很擅长解决产品面临的挑战、建设数字化社区，并用引人注目的独特方式将产品推向市场，同时具备一系列有关产品设计、使用便捷性、售后支持、应用程序、应用商店等的"必备要素"。

除了苹果公司，恐怕再没有其他公司成功创建过如此之多的新的颠覆性细分品类了。而且，这的确有回报。苹果公司的市值从 1997 年的 30 亿美元激增到了 2018 年的 1 万亿美元，复合增长率超过 40%。

汽车行业

汽车行业经常出现大量的新选手和销量的骤涨，其中绝大部分情况可归结于一系列的"必备要素"，而它们几乎总和标杆品牌或车型相关，这些例子包括但不限于：福特（Ford）旗下的 T 型车（Model T）、A 型车（Model A）、野马（Mustang）和探险者（Explorer），大众（Volkswagen）的甲壳虫（Beetle），保时捷（Porsche）的 911 车型，法拉利（Ferrari），雪佛兰（Chevrolet）的科尔维特（Corvette），庞蒂亚克（Pontiac）的勒芒 GTO（LeMans GTO），普利茅斯（Plymouth）的 K 型车，宝马（BMW）的迷你（Mini），雷克萨斯（Lexus）等。细分品类具有多个维度，上述每一款车型都定义了某个颠覆性细分品类。

引言中丰田普锐斯的故事告诉我们，颠覆性细分品类的赢家有巨大的财务潜力：在十多年的时间中，该品牌主导了全球市场，并且鲜有竞争者能与之抗衡。在第五章，我将介绍一个更新的关于特斯拉的案例研究——简单来说，这家公司是高档电动汽车市场的标杆品牌，并且创造了巨大的市值。

克莱斯勒的迷你厢式旅行车

克莱斯勒公司（Chrysler）推出的 Minivan（迷你厢式旅行车）获得了惊人的销量和利润，可谓拯救了公司。1983 年，克莱斯勒公司旗下的普利茅斯推出航海家（Voyager），道奇（Dodge）推出凯领（Caravan），克莱斯勒在美国市场的销量从第一年的 10 万辆增加到 10 年后的 50 多万辆，这个水平一直保持到 2000 年。这段时间里，克莱斯勒公司没有遇到竞争对手，直到 1998 年丰田公司推出了塞纳（Sienna），本田公司推出了奥德赛（Odyssey）。想象一下，克莱斯勒公司完全占据了迷你厢式旅行车细分品类，15 年来无人能敌！即便面对丰田、本田和其他竞争对手，克莱斯勒公司也能站稳脚跟。2019 年，克莱斯勒公司仍占据了 59% 的美国市场——当然，由于运动型多功能汽车（SUV）的冉冉升起，当时的迷你厢式旅行车市场已经萎缩。不过，这是另一个细分品类的故事了。

迷你厢式旅行车代表着一个新的颠覆性细分品类，这类汽车设有七座，前轮驱动，可停进车库，车内空间宽敞，车身离地距离更小，座椅可拆卸。当时，这六大特点别具特色，让这类汽车脱颖而出。其他类型的厢式客货两用车，有的像卡车（因为本来也是经改装的卡车）；有的车型过大，无法停进车库；有的不愿进入这个细分品类，因为旅行车类别才是它们的"摇钱树"；还有的把其他投资方案放在了优先地位，如丰田的雷克萨斯、通用汽车的机器人研究，以及福特的金牛座（Taurus）车型。不仅如此，克莱斯勒公司的迷你厢式旅行车还是一个"移动的靶子"，竞争对手很难追上。这主要是因为克莱斯勒具备许多创新性的"必备要素"，如驾驶侧滑动门、可滑动座椅、全轮驱动和座椅折叠（stow'n GO）系统，可轻松地将座椅收折进地板。上述许多"必备要素"都很好地支持了更高层级的"必备要素"，这些创新特色都旨在提高乘客的舒适度和便利性。

服务行业

服务方面的主要创新可以是解决顾客的烦恼。例如，可以像T-Mobile那样提高顾客体验，也可以像企业租车公司（Enterprise Rent-A-Car）那样，进入"隐藏"的尚未被满足的需求领域。

T-Mobile 公司

2013 年，T-Mobile 公司在世界电信公司中排名第四，日渐式微。后来公司推出了"去运营商化"（un-carrier）战略，实现了用户长久以来的愿望。以前的话费方案很复杂，用户需要预估自己的语音时长和短信数量，一旦用超就会被"罚"钱。现在，T-Mobile 取消了包含月套餐的两年服务合同，用户不必长时间地一直用同一种套餐。而且，新方案也简单易懂，它提供无限的语音时长和短信数量，用户只需选择不同的线路。T-Mobile 还推出了家庭套餐，无须进行信用度审核。用户可以使用现有的手机（不必再购买新手机），每两年进行一次升级即可。同时，T-Mobile 公司也在不断优化电信网络，尤其是大城市的网络，让客户没有"不买"的理由。

就如何实现"去运营商化"战略而言，T-Mobile 公司聚焦在新的"必备要素"和更高层级的"必备要素"上，推出让人耳目一新的客户体验，永远地改变了电信产业。T-Mobile 制作了幽默的广告来契合这项战略：一名笨手笨脚的手机用户——不是手机没电了，就是把手机掉水里了——很满意 T-Mobile 的套餐。有了好产品，打广告也更容易了。

2013 年年初，T-Mobile 公司仅有 3400 万用户，多年来一直处于停滞状态，而竞争对手却稳步增长。"去运营商化"战略推出后，不到一年的时间，T-Mobile 的用户就增加了 700 万；到了 2018 年，其用户数量已达到 7500 万。在许多人看来，T-Mobile 公司从失败者蜕变成了领军者，彻底改变了电信行业，取得了惊人的成就。

企业租车公司

1962 年，企业租车公司始于圣路易斯市，最初只有 17 辆车。30 多年来，企业租车公司几乎无可匹敌，该服务主打社区租车的概念，目标人群为自己的车正在维修或者想在周末开车出去放松的人——企业租车公司没有真正的竞争对手。相反，大公司关注的是能带来高利润的人群，如前往机场的商务人士和游客。20 世纪 90 年代中期，企业租车公司的销售额超过了赫兹租车公司；2008 年，企业租车公司的销售额达到 101 亿美元，而赫兹租车公司只有 67 亿美元。企业租车公司的利润也在增加。2008 年后，企业租车公司收购了许多其他租车品牌，让竞争对手难以企及。

企业租车公司为了给顾客群提供良好的服务，在非机场区域建设了密集的零售网络，90% 的美国公民都能在方圆 15 英里⊖内找到企业租车公司的服务点。公司在本地开设的办公室，不仅能让员工和顾客充分交流，更是与汽车维修店、汽车经销商以及车队管理公司建立了关系。公司员工为人友善、业务能力强，公司的服务文化浓厚，这些优点很快让其变得家喻户晓。

企业租车公司的运营体系一直在优化，主要靠鼓励本地办公室的员工提出好点子。1974 年，公司推出"我们去载您"（We'll pick you up）项目，即免费载送客户到店面取车。该服务后来成为公司的标志性承诺和"必备要素"，而提出这个想法的正是公司在奥兰多市办公室的经理。

零售行业

本书第四章将讨论创建颠覆性细分品类的电商公司，包括亚马逊及其强劲的对手。不过，还有许多店面零售商发展出了自己的"必备要素"，提供了优质的实体店购物体验，从而顾客络绎不绝。

优衣库

优衣库（Uniqlo）的老板兼创始人是魅力超凡的柳井正（Tadashi Yanai）。在他的带领下，优衣库自 1984 年成立以来，已在全球开设了约 800 家门店。其母公司——迅销公司（Fast Retailing）——也在成立 35 年后，年销售额达到 210 多亿美元。优衣库具备一系列竞争对手模仿不来

⊖ 1 英里 =1.609 千米。

的"必备要素"。

第一，优衣库的服装**质量好、款式新、风格休闲**，适合所有人。优衣库的服装风格与时俱进、紧跟潮流，但并非时髦款式。不仅如此，其运营体系能在几天内实现商品调整，如迅速推出爆款服装，减少或下架库存的滞销服装。因此，呈现在顾客面前的总是他们想要的东西。相反，一些竞争对手的订货交付时间太长，出售的服装款式有时不够新颖。

第二，和竞争对手相比，优衣库服装的**价格非常实惠**。低价运营模式之所以行得通，是因为优衣库有自己的产品计划、设计、配送和制造管控，此外，店铺和稳定的供应商可以直接沟通交流。什么服装最热销，看订单就能知道。

第三，优衣库具有**面料创新专利**，为服装质量及其性能定位提供了依据，让它有别于大部分价格驱动的零售商。其中，一项代表性创新便是吸湿发热面料（HeatTech），由优衣库和一家材料科技公司联合研发，它能将身体散发的水分转为热能，织物之间的空气层能防止热量流失。吸湿发热面料薄，穿着舒适，设计师能用它设计出时尚的款式，冬季服装再也不像以前那样臃肿。这款吸湿发热面料也在不断改进，将新的纤维技术应用于服装设计中。优衣库还有"舒爽"（AIRism）系列和"服适人生"（LifeWear）系列："舒爽"系列面料有一层能释放热量和湿气的材质，而"服适人生"系列则提供"让生活更美好"的服装款式。上述突破性品牌具有很高的区分度，让竞争对手望尘莫及。

第四，优衣库极其重视**店内体验**，包括员工招聘、培训和所有细节的微观管理。优衣库会记录和分析所有员工的一言一行，从叠衣技巧到导购员把信用卡还给顾客的方式（需使用日式，即双手递出，全程保持眼神接触）。每天早上，员工都会练习与顾客打交道的方式，包括六句常用话语，例如："您好，我叫××，您今天过得怎么样？"此外，优衣库的财务完全透明，每天都会公布详细的销售报告。目前，优衣库正在东京建设优衣库大学（Uniqlo University），计划每年培训 1500 名门店经理。

他们还做了些什么呢？亲自去优衣库门店看看吧。如果要打赌，我赌柳井正赢。

丝芙兰

1969 年，多米尼克·曼多诺（Dominique Mandonnaud）开了第一家丝芙兰（Sephora）门店；1997 年，丝芙兰加入路易威登集团（LVMH）。自创立后，丝芙兰维持了半个世纪的稳定增长，在全球 33 个国家拥有约 2300 家门店。面对亚马逊卷起的浪潮，极少数零售商能迎难而上——丝芙兰便是其中之一，它拥有众多更高层级的"必备要素"：

- **顾客探寻**：每个小女孩都曾梦想打开妈妈的化妆包，尽情地涂抹，丝芙兰能圆这个梦。在丝芙兰，顾客能在专业美容顾问的指导下触摸和试用产品，顾客的参与度极高。这是丝芙兰的首要目标。
- **人工挑选和独家产品线**：丝芙兰作为化妆品代理，从众多品牌中精心挑选出最让人眼前一亮的产品系列和创新产品，许多产品均为丝芙兰独家销售，如丝芙兰的 S+ 系列品牌。
- **创新服务**：丝芙兰提供肤色测试（Color IQ）服务，顾客用仪器扫描皮肤后，会得到一个肤色测试号码，该号码能科学、准确地匹配出适合该顾客的粉底和遮瑕膏色号。此外，"即刻香水"（InstaScent，之前被称为 Poof）技术能帮顾客找到她们最爱的香水味。顾客在屏幕上选定一款香水后，仪器会喷出一股香气，帮助顾客判断自己最喜欢哪一款香味的香水，而顾客无须亲自试用。另外，丝芙兰的美妆工作室（Beauty Workshop）提供了视频教程，顾客能在"试妆魔镜"（Virtual Artist）应用程序的帮助下试用新产品，看到化妆品（如口红）在自己脸上涂抹后的虚拟效果，还能在网上进行分享。

- **超凡的移动设备体验**：顾客可使用移动设备下载丝芙兰的"试妆魔镜"应用程序和其他线上服务，从而获得相关活动和新产品的信息。顾客在门店消费时，也能使用苹果支付（Apple Pay）；通过手机扫描产品，顾客可看到相关评价和评分，了解所有产品的积分规则，接收个性化信息。

- **顾客忠诚度计划**：丝芙兰推出"顾客忠诚度计划"，为顾客提供美妆产品、免费妆容服务、美容课程以及新品小样赠送。顾客可以升级为 VIB 高级会员或 VIB Rouge 尊贵会员，享受不同等级的福利。

- **丝芙兰美妆达人社区**：美妆达人社区为美妆爱好者提供了交流平台，她们能尽情讨论美妆话题和产品，相互提问和分享见解，让她们觉得每次去门店都像家庭聚会一样。第六章将讨论这类社区的重要性。

包装消费品行业

包装消费品是一个充满活力的市场，细分品类不断地出现和消失，从过去 10 年的瓶装水及其所有细分品类的变化中便能窥见一斑。又如，乔巴尼公司（Chobani）展示了如何把他国的热销产品进口到美国；食品公司 KIND 通过技术创新，充分利用了"真实可靠"这个关键趋势，从混乱的零食市场中脱颖而出。

乔巴尼

2005 年，土耳其人哈姆迪·乌鲁卡亚（Mamdi Uludaya）在纽约购买了一座卡夫公司的酸奶工厂，计划生产希腊酸奶。当时希腊酸奶只算得上酸奶行业的一个小板块，因为主导酸奶市场的是优诺（Yoplait）和达能（Dannon）。不过，五年之后，乌鲁卡亚的乔巴尼品牌酸奶的销售额达到了 14 亿美元，希腊酸奶在酸奶市场中的份额从 2006 年的 0.7% 上升到了 2014 年的 52%。即使面对两大酸奶品牌的激烈竞争，乔巴尼仍然保持了超过 40% 的希腊酸奶市场份额。那么，乔巴尼公司是如何做到的呢？

首先，乔巴尼公司在建设颠覆性细分品类方面做得很好。公司的产品定位有一部分是围绕希腊酸奶的核心属性：味道更浓郁，口感更细腻，蛋白质含量为普通酸奶的两倍，含糖量却只有普通酸奶的二分之一，不过卡路里含量是相同的。乔巴尼酸奶代表了希腊酸奶一个新的细分品类，其包装色彩鲜艳，呈碗形，比典型的酸奶包装盒更矮，杯口直径更大。此外，乔巴尼酸奶添加了天然配料，制作流程正宗，是定义该细分品类的标杆品牌。乔巴尼公司进行了主题为"过程很重要"（How Matters）的宣传活动，将酸奶的制作和运动员的训练进行类比：奥林匹克选手的训练过程很重要，同样地，酸奶的制作过程也很重要。

其次，乔巴尼公司的产品质量优异，创新性强。该品牌推出"低糖"系列、Chobani Gummies 系列（儿童酸奶）和 Chobani Flip 系列（酸奶＋坚果），还有底层添加了多种水果果肉的非乳制品椰子基酸奶 Non-Dairy 系列。乔巴尼公司甚至在纽约的 SOHO 商业区开了一家咖啡体验店，菜单上写着具有异域风情的健康食物。这些都让乔巴尼品牌充满了活力，也减少了竞争对手在希腊酸奶领域的发展空间。

KIND

KIND 公司由丹尼尔·柳别斯基（Daniel Lubetzky）于 2004 年创立，其销售额在 2017 年达到 7 亿美元。后来，玛氏食品公司（Mars）购买该公司的少数股权，当时它的估值为 40 亿美元。KIND 创建了新的颠覆性细分品类——健康、自然又美味的零食，并且成了标杆品牌。其产品使用了水果和坚果以及可持续性原料，糖和添加剂都比竞争对手少，不含谷蛋白和转基因物质。产品包装简约，顾客一眼就能看到配料，这也强化了公司的口号——"看得见、叫得出的配料"。产品看起来很健康，但制作起来并不容易，需要克服原料和制作工艺上的重重困难，需要创新、投资和坚持。

KIND 还有一项"必备要素"，广受顾客群、公司员工和合作伙伴的喜爱，那就是善举。KIND 公司的创立就和善举相关：柳别斯基的父亲曾在纳粹集中营里受过一名德国士兵的恩惠。公司印制了"你可真棒"（kindawesomeness）小卡片，当有人出于善意帮助了别人时，就可以把这张卡片给他。收到卡片的人可以登录网站，输入兑换码，免费领取一包 KIND 能量棒，随包还有一张"你可真棒"卡片，可以给下一个做出善举的人，把善意传递下去。截至 2019 年，KIND 公司共记录了 1100 万次善举，同时也在用户和品牌之间建立起了牢固的联系。

数字化案例研究

世界上充斥着由数字驱动和 / 或使能的"必备要素"，这些创新带来了颠覆性细分品类，并取得了惊人的成就。下面，我们就通过几个案例研究来略窥一二。

衡量一家公司的业绩，市场估值是一个重要的指标，因为它代表了投资方对该公司价值的客观看法。如果是上市公司，估值为其市场价值；如果是未上市公司，估值则根据现金投资评估。

毫无疑问，有许多公司都在短短几年中获得了巨大的财富，我们已经了解了其中三家：易集，2005 年创建，2019 年市值约为 74 亿美元；沃比·帕克眼镜公司，2010 年创建，9 年后市场估值为 17.5 亿美元；Nest 实验室，2010 年创建，4 年后被谷歌公司以 32 亿美元的价格收购。

我还会在本书中举更多例子，例如：

- 爱彼迎，2007 年创建，10 年后市场估值超过 300 亿美元。

- 一美元剃须俱乐部，2021 年创建，据报道，仅 4 年后就以 10 亿美元的价格被收购。

- 卡斯珀睡眠（Casper Sleep），一家美国床垫电商公司，2014 年创建，3 年后市场估值为 7.5 亿美元。

- 亚马逊，1991 年创建，是第二家市值达到 1 万亿美元的公司。亚马逊拥有多项"必备要素"，如出色的运营、一键购买（1-Click）功能、智能语音助手 Alexa 和金牌会员（Prime）。

- 特斯拉，第一款汽车发布于 2008 年，2010 年公司市值达 20 亿美元，2018 年飙升到惊人的 600 亿美元——这主要归功于一套数字平台，它改变了驾车体验，支持厂家远程升级汽车系统。

然而，不是所有的公司都有市场估值，市场估值也不是唯一的衡量标准。在数字空间，我们还有其他的衡量因素，提供让人大开眼界的数据，例如：

- **市场份额：** 一美元剃须俱乐部及其竞争对手哈利剃须刀公司（Harry's）

都推崇数字化，它们的市场份额在 2011 年、2015 年和 2019 年分别为 0、7.2% 和 12.2%。相反，剃须刀行业的巨头——吉列公司（Gillette），其市场份额从 2010 年的 70% 下降到了 2019 年的 47%。

- **访问人数**：丝芙兰网站设有美妆达人社区，每月访问人数约为 100 万。不仅如此，其核心重度使用者的访问频率为一般顾客的 10 倍，扩大了品牌的影响力。
- **会员制度**：2001 年，星巴克推出了具有变革性的忠实顾客回馈项目——星享俱乐部（Starbucks Rewards），到了 2019 年，其会员人数达到 1500 万。
- **知名度**：多芬（Dove）推出的"自信绽放计划"（Self-Esteem Project）（将在本书第六章讨论），在视频网站 YouTube 上获得了 7500 万次的浏览量；卫宝公司（Lifebuoy）发起了"让每个孩子活过五岁"（Help a Child Reach 5）计划（将在本书第九章讨论），发布的三个视频获得了 4400 万次浏览量。

经验总结

上述颠覆性细分品类绝不是偶然创造出的，我们可以从中总结出一些共同点。

第一，这些案例中的公司都获得了巨大的回报，一些公司甚至在相对较短的时间里创造出了数十亿美元的价值。正是因为巨大回报的存在，公司才会寻求"必备要素"驱动的颠覆性细分品类，并对其风险进行评估。这些案例并非个例，你几乎可以在所有品类的发展中发现相似的结论：品牌创造出新的"必备要素"，定义某个颠覆性细分品类，从而实现了销售额的激增。

第二，案例中的公司都有多个（而非一个）"必备要素"维度，来定义颠覆性细分品类。此外，大部分公司还有一个或多个维度超越了产品本身，提供了情感、自我表达或社会层面的利益，一些公司的"必备要素"还能支持更高层级的"必备要素"。

第三，对上述绝大部分公司而言，创新十分重要，它不仅能创建一系列"必备要素"，还能持续对其进行改善。因此，公司便成了"移动的靶子"，这是其竞争对手难以逾越的壁垒之一。

第四，几乎所有的创新者都来自其他领域。我要再次强调，这并非个例，不过也有例外。例外之一便是业内岌岌可危的老牌公司，例如推出迷你厢式旅行车的克莱斯勒公司和 T-Mobile 公司，两个案例都很让人受启发。这类公司在挣扎求生，需要一记全垒打来扭转乾坤，它们只能破釜沉舟、背水一战，而健康公司不会这样做。在现实中，健康公司会进行许多安全的投资，来强化现有业务。因此，对它们而言，创建新的细分品类似乎风险过大，当该细分品类会蚕食现有业务的市场份额时尤为如此。

例外之二是缺少活力和知名度的公司，如多芬。当时，由于多芬的产品没有吸引力，公司再怎么和顾客沟通也不会有帮助。最后的解决方法是推出"自信绽放计划"，旨在和女性产生共鸣，在核心顾客群中创建"必备要素"。作为回报（前文也提到过），多芬的品牌知名度和活力都得到了很大提高。

细分品类竞争的回报

除案例研究之外，还有许多金融研究支持"创建颠覆性细分品类能获得回报"的观点，其中涉及不同的研究视角、数据库和时间框架。

颠覆性细分品类能获得经济回报的证据

直接证据来自一项和公司战略决策相关的研究。学术研究人员 W. 钱·金（W. Chan Kim）和勒妮·莫博涅（Renée Mauborgne）研究了一个世纪以来，108 家企业的 150 项战略举措，他们发现，其中 14% 的举措包含创建新的细分品类，从而给公司带来了 38% 的收入和 61% 的利润。

另一项研究分析了 2009 ～ 2011 年发展最快的 100 家美国公司，发现有 13 家公司重视品类的创建，正是它们获得了这 3 年所有公司收入增量的 53% 和市值增量的 74%。还有一项研究着眼于 2010 年《财富》世界 500 强的上榜公司，其中，发展最快的前 20 家公司中有 10 家公司创建了新的品类或颠覆性细分品类，并获得了相应的回报：公司收入每增加 1 美元，市值就会增加 5.6 美元（是其他公司的 4 倍多）。

除了直接证据，还有间接证据。它来自麦肯锡数据库，此数据库涵盖了 40 年来 15 个行业的 1000 家公司（公司销量均超过所在行业的 50%）。有研究发现，新进入该数据库的公司（比例曾达到 84%）在之后的 10 年中，能提供高于行业平均值的股东回报。这部分高出平均值的股东回报在第一年为 13%，第五年降为 3%，并且在接下来的 5 年中均未超过 3%。此外，行业新旧程度（即 7 年内新进公司的数量减去离开公司的数量）和行业盈利之间的关联极为密切。所以，新进公司比现有公司更有可能带来新的商业模式，这就意味着公司创建颠覆性细分品类后会获得更加丰厚的利润。

研发与股票收益

一系列研究都显示，研发活动会对股票收益起到积极作用。其中，进入纳斯达克100指数（NASDAQ 100）的科技、互联网和生物技术公司，其研发与销量增加，以及销量增加与股票收益之间都存在着密不可分的关系。似乎研发投入超过预算的公司更容易创建颠覆性细分品类。

另一项研究聚焦1976 ～ 2006 年批准的所有专利，结果发现，与进行探索性研发（实质性或变革性创新）的公司相比，进行利用性研发（渐进性创新）的公司在未来 5 年的现金流更少，盈利更低，股票估值更低。

差异化会影响产品表现

在过去半个世纪中，对于市场营销尤其是企业而言，最强有力的实证发现很可能是：新产品的成功很大程度上取决于它有多"新"。有数以百计的研究显示，"差异化"程度高的新产品远比其他产品更容易成功，进而获得极高的收益。"新颖度"或"差异化"程度不仅会影响公司的价值主张，还会影响产品的知名度，即新产品在市场中吸引顾客的能力。产品如果没有新闻价值，进入市场时就会很困难，要花更多的钱。可以说，产品有了"新颖度"，就有可能拥有能定义颠覆性细分品类的"必备要素"。

从两大国际数据库的品牌价值调查中，我们可以看到差异化有多么重要。其一是品牌资产标量（BAV）数据库，该数据库评估了 25 年中 52 个国家的 5.6 万家企业。研究其数据后发现，差异化能对利润起驱动作用。其二是明略行公司（Millward Brown）创建的布兰兹（BrandZ）品牌数据库，该数据库囊括了自 2006 年起，来自 31 个国家的 2.3 万个品牌。明略行公司对比了品牌价值最高的一系列品牌，从中选出"佼佼者"，即价值增量最大的品牌。结果发现，和其他品牌相比，这些位居第一梯队的品牌均具有显著的差异化。

后文概述

接下来我们将讨论数字化战略的四个不同角度，包括共享经济模式（如爱彼迎）、电子商务模式（如亚马逊和一美元剃须俱乐部）、物联网（如亚马逊智能语音助手 Alexa 和互联网汽车）以及数字化沟通、品牌社区和个性服务。之后，本书将介绍如何寻找、评估和经营颠覆性细分品类，并给竞争对手设置壁垒。

数字化颠覆：共享经济

> "当一件事情足够重要时，就算缺乏胜算，你也要去做。"
>
> ——埃隆·马斯克（Elon Musk）

在本章和接下来的三章中，我将分析数字化是如何通过创建新颠覆性细分品类来刺激企业迅猛增长的。这部分内容涉及的例子虽然算不上全面，但都是具有代表性的行业典范，展现了数字化如何创造或推动创建新的细分品类，进而企业获得非凡增长。

在阅读这些案例时，考虑以下三点：

- 数字化要想获得成功，品牌其他元素的助力必不可少。只有数字化是行不通的，它需要和客户建立一个联系网，培养客户的忠诚度，同时给竞争对手设置壁垒。

- 在与客户构建上述联系时，必须构思巧妙且实施精准。这不是"有没有"的问题，而是"好不好"的问题：要展现出你的洞见、创新和才能，让客户眼前一亮，发出"哇"的惊叹。

- 你的最终目的不是卖出产品，而是创建标杆品牌，获得忠实的顾客群。重要的是"创建"，而非"销售"。

第三章将讨论共享经济平台的创建，如爱彼迎和优步；第四章将讨论电子商务平台，包括亚马逊及其竞争对手；第五章将讨论物联网，及其影响了众多品类（从互联网汽车到智能酒店等）的原因；第六章将讨论数字化的力量，它将如何推动新的沟通方式的产生，如何创新故事的表达方式，如何进行个性化设置和社区创建，这些都能带来忠实的顾客群。

过去10年间，共享经济是战略性颠覆和企业成功的重要因素。在这个数字时代，共享经济发展迅速，要想了解它，我们需要全面剖析该领域最成功的品牌——爱彼迎，同时结合优步案例进行说明。爱彼迎的成功路径解释了共享公司为什么能成功，也给计划选择这条道路或者与这类对手竞争的公司提供了宝贵经验。

共享经济又称为点对点（P2P）经济，指消费者或公司暂时分享不常使用或使用较少的资产或服务。这些资产或服务的所有者可获得一定的回报，使用者则可获得上述资产或服务的使用权——通常都很划算。整个过程通过网站或应用程序的在线平台进行。共享经济公司并没有相关资产的所有权，而是紧紧抓住自己的核心业务，采用"轻资产运营模式"。

有了云计算、社交媒体、智能手机和 GPS 的加持，共享经济乘着"购买体验，而非物品"之风而起，这种观念尤其受"千禧一代"的欢迎。共享经济不仅包括爱彼迎所在的酒店业，优步和来福车（Lyft）所属的交通出行行业，还包括办公空间——如联合办公空间（WeWork）和伦敦的沃鲁米（Vrumi），投融资行业——如上海的陆金所（Lufax）和借贷俱乐部（Lending Club），建筑设备行业——如亚德俱乐部（YardClub），服装行业——如时装租赁公司（Rent the Runway），音乐行业——如声破天（Spotify），家政服务行业——如跑腿兔（TaskRabbit），家居用品行业——如印度的 RentSher 等。

共享经济产品通常会出现在做好转型准备的行业里。请你想想，优步在推出汽车共享概念之前，人们是如何打车的：乘客必须招呼路过的出租车，而且有时不确定是否会停车，甚至会出现根本打不到车的情况；或者乘客需要打电话叫车，有时车要过很久才能来，派来的车或司机还可能不合乘客的心意，而且打车的话费也不便宜，这有的是因为出租车运营需要一定的成本，有的是因为当地政府的管理规定。这样看来，乘坐火车或客车似乎更可靠，不过费用也更高。基于种种问题，优步和来福车公司共享模式应运而生。

要了解是哪些决策和计划让共享经济模式获得了成功，我们先来看看爱彼迎的故事，看它是如何在酒店行业创建颠覆性细分品类的，注意这些想法是如何产生的，公司如何围绕并超越了核心功能性利益，创造了一系列"必备要素"。

爱彼迎的故事

2007 年，毕业于罗德岛设计学院（Rhode Island School of Design）的布莱恩·切斯基（Brian Chesky）和乔·格比亚（Joe Gebbia）创建了爱彼迎。当时美国工业设计社区大会即将举办，两人坐在旧金山市南街区的三居室出租屋里，考虑着如何支付房租。其中一人提议在客厅放置三张气垫床，将其租给因酒店房间售罄而无法入住的参会者。在一位朋友的帮助下，一个简陋的网站建好了，最终吸引到三名租客，他们花 400 美元住了 5 晚。这次经历让切斯基和格比亚备受鼓舞，他们决定再试一次。之后，得克萨斯州举办了一次活动，活动期间，许多旅馆无空房。切斯基和格比亚招募了一些人，用同样的方法出租房间，再次获得了成功。他们就这样一步步走向巅峰。

截至 2019 年，爱彼迎在全球拥有超过 600 万套房源和来自 190 个国家的 1.5 亿房客，市值超过 350 亿美元。当时，爱彼迎每月接待的房客人数超过 7500 万，除了缤客网（bookings.com）之外，任何旅游网站（包括所有连锁酒店）的接待人数都比不上爱彼迎。利·加拉格尔（Leigh Gallagher）和布拉德·斯通（Brad Stone）分别写了一本书，详细介绍了爱彼迎的业务和品牌故事。

爱彼迎为房东和房客都设计了一套简单易懂、操作方便的体系。房客可以输入旅行目的地、住宿天数、人数和价格区间等进行筛选，此外还需填写个人资料（可不添加照片）。房东可以发布房屋的具体价格、使用注意事项以及联系方式。未来房客如果有问题，可以与房东直接进行联系。此外，房客和房东都会撰写住宿评价，以供他人参考，利于彼此信任。不过，正如我们所看到的那样，爱彼迎的品牌和策略不仅提供了功能性利益，还在房东和房客之间创建了一种纽带。

爱彼迎的数字化故事让人惊叹。它是怎么做到的呢？我们又能从它的战略中学到什么呢？

在我看来，爱彼迎的成功源于六大因素。而且，如果缺失了任何一个因素，爱彼迎的表现都会大打折扣。前四大因素反映了爱彼迎的发展战略，背后有远见卓识作为支撑。这四大因素，每个因素都是伞状或高层级的"必备要素"，它们定义了爱彼迎的细分品类，融合了许多特点和计划——其中很多都可被视为支持性的"必备要素"。这四大因素涉及的广度和产生的协同作用极具启发性。剩下的两个因素对企业战略顾问来说也不陌生，分别是领导力和运气／时机，为爱彼迎的成功做出了重要的贡献。

企业家房东

确定一批可用于出租的房源十分重要。房东出租房屋的动机可能是为了挣点外快，但是爱彼迎的宣传展现了更高层级的"必备要素"，给了他们"企业家房东"的头衔。这个头衔和"房主／管理员"不同，它传达的信息是：房东的工作是让房客尽兴，而非失望。房东扮演着"企业家"的角色，这意味着房东是老板，应该不断学习、努力工作、积极创新并且超越对手。优秀的企业家房东会意识到，房客的体验会受到很多因素的影响，包括自己是否达到房客的预期，是否超过房客的预期，是否以或大或小的方式改善房屋，以确保房客有优质的体验，与房东建立良好的关系。不仅如此，他们还可以通过有效方式让潜在房客也能了解这些体验。

爱彼迎会为企业家房东提供帮助。在发展初期，爱彼迎发现房源信息的吸引力不够强，部分是因为房东使用了业余摄影师，于是爱彼迎给房东和专业摄影师牵线搭桥，于是情况得到了改善。随着时间推移，爱彼迎又向房东推出了咨询服务，教他们如何布置房屋，设置额外收费项目；如何与房客打交道，让他们有宾至如归的感觉。2013年，爱彼迎聘请来了酒店行业企业家奇普·康利（Chip Conley），进一步提高房客体验。康利从分享会做起，请来顶尖的客栈老板给房东们分享经验。他创建了旅馆简报、线上社区中心、优秀做法分享机制和导师计划等等。康利每年还会为房东举办活动，提供新的想法和支持方案。2015年，约6000名房东参加了在巴黎举行的活动。在康利的带领下，房东的专业性提高了，这项"房东计划"也成了支撑爱彼迎的"必备要素"。

爱彼迎会对房东的优质服务进行认证。首先是"超赞房东"（Superhost）称号。企业家房东如果表现优异且符合条件，如房客评价高、每年至少完成10次接待、未取消过预订等，可以升级为超赞房东。超赞房东可享受一系列福利，包括优先在搜索结果中显示。其次是"爱彼迎+"（Airbnb Plus）称号。如果爱彼迎认定某房源极具个性化特色，而且能提供无可挑剔的房客体验，就会授予该房东"爱彼迎+"称号。最后是"适合商务旅行"（Business Travel Ready）的房源标志。爱彼迎从2014年开始探索商务旅行业务，旅客可以搜索适合商务旅行的房子——提供24小时入住、Wi-Fi、适合使笔记本电脑的工作区、衣架、熨斗和染发膏，房东界面上会显示一个特殊的标志。

爱彼迎还对房客体验进行了深入研究，探索旅行中除了找住处之外，还有什么值得挖掘。于是有了"爱彼迎体验"（Airbnb Experiences）——企业家房东和当地居民可以面向房客开展各类活动，丰富他们的旅行经历，同时也给自己增加一项收入来源。

这些体验超越了传统的游览或课程，让房客走进房东提供的独一无二的世界，领略他们的热情。它们提供了难得的机会，因为房东不必另外准备场地，就能分享自己的爱好、知识或专长。对房客来说，他们有机会认识有趣的人，融入当地文化，体验特色活动，如冲浪板上的瑜伽、街头艺术、卢浮宫的幽默讲解、观赏鲸鱼、美食之旅等。2019 年，房东就组织了超过 3 万次活动，宣传文案也极具吸引力，如"去……（如拉斯维加斯）必做的几件事"，它们提高了爱彼迎网站"体验"版块的点击率，让爱彼迎有能力和猫途鹰（TripAdvisor）等旅游网站相抗衡。更重要的是，这给爱彼迎的细分品类带来了活力、独特性以及另一个"必备要素"。

房客在探索之旅中寻求居家感

爱彼迎的目标受众寻求的不仅是价格优惠、干净舒适的住房，他们还追求独特的探险，以及热情友好、让人宾至如归的体验。爱彼迎为其提供独一无二的房源，特色鲜明、个性突出，还能与房东进行深入交流，这对上述目标房客来说极具吸引力。爱彼迎的房源和普通旅馆不同：普通旅馆一般位于"景区"，看上去也千篇一律；爱彼迎的房源通常位于居民区，有着独特的装修和陈设。你去英国伦敦旅游时，肯定不想住在美国堪萨斯城风格的旅馆里吧？爱彼迎能为你提供非过于商品化的住宿选项！

重要的是，房客能和房东进行充满人情味儿的联系，而非公司程序化的回复。这也符合爱彼迎的企业宗旨，即提供"家在四方"（belonging anywhere）的体验，房客应该真正有家的感觉。

爱彼迎的网页制作精美，参与感强。房客在探索网站提供的选项时，能尽情享受当下，仿佛逃离了现实世界——和我们预订酒店时的体验十分不同。不仅如此，房客实际入住后，获得的体验会得到验证并超过他们的预期。

当然，由于爱彼迎提供的是闲置房源，价格要比酒店低很多。实惠的价格确实是房客考量的重要因素之一，但是诱人的独特体验通常是更加重要的驱动力。

超凡的视觉界面和功能界面体验

爱彼迎的另一位联合创始人是柏思齐（Nathen Blecharczyk），他在电脑技术和社交媒体方面很有天赋。柏思齐读高中时就开始销售自己的软件，帮助客户开发并管理电子邮件营销活动，据说他赚了100万美元，还用这笔钱支付了读哈佛大学的学费。正是这名才华横溢的在线营销者创建了爱彼迎的网络界面。

爱彼迎希望为房客和房东提供便于理解、使用简单、赏心悦目的网络界面。这可谓雄心勃勃，远远超过了其他度假租赁公司的简陋系统。为了实现这个目标，爱彼迎必须克服多项挑战，内容涉及网站的搜索和支付功能，全天候提供"前台"客户服务，房东和房客的双向评价系统，房东、房客、爱彼迎之间的沟通系统，钥匙交接方式和安全感，并且确保房客最多用鼠标点击三次即可完成预约——最后这条灵感来自史蒂夫·乔布斯（Steve Jobs）设计 iTunes App 时的"三次点击"原则。

这些都是摆在爱彼迎团队（当时只有柏思齐一个人）面前的艰巨任务。就搜索功能而言，它包括在众多筛选条件下匹配房客和房主，这些条件不仅包括地理位置、价格、房源是否可租用和住宿的性质，还包括房客的偏好和历史评价，以及房东的规定和沟通风格。此外，爱彼迎本还打算建立一套基于 PayPal 或亚马逊的在线支付系统，但又希望能对其进行掌控和不断优化，最后，爱彼迎决定创建自己的端到端定制系统。从一开始，爱彼迎的目标就是让用户体验在视觉上更加赏心悦目。这种对外观的重视一定程度上源自切斯基和格比亚的专业设计背景，并且在之后成为爱彼迎成功的重要因素之一。

有人认为，爱彼迎的网站可谓硅谷最复杂的基础建设工程之一。其视觉界面和功能界面都十分出色，更关键的是，双向评价系统和"了解房客 / 房东"（Get to Know You）功能还能帮房客和房东建立起信任。

通过扩大规模成为最相关的选择

在数字化驱动的共享世界里，企业要想在颠覆性细分品类中获得成功，就必须快速扩大规模。爱彼迎不仅需要扩大规模来吸引投资者，获得现金流，还需要增加房东和房客数量来巩固公司的价值主张。这被称为"网络效应"（network effect）：房东越多，房客的选项就越多；房客越多，房东组织的活动也越多。此外，公司规模扩大后，忠实的房东和房客群体也会扩大，使竞争对手难以撼动——这也是阻止他们获得相关性的最有效壁垒。

爱彼迎在运营初期（尤其是在关键的 2010 年）采用了上述所有战略。其中，柏思齐负责的一个项目获得了巨大的成功。通过该项目，房东可以把发布在爱彼迎网站上的租房介绍"一键发布"到名为"克雷格列表"（Craigslist）的分类信息网站上，而克雷格列表每月浏览量超过 4000 万次。克雷格列表的用户点击该介绍后，界面会立刻跳到爱彼迎的官网。这个项目所用技术十分高超，但可能会受到道德方面的挑战。不过，毫无疑问的是，爱彼迎的广告之所以起了作用，部分是因为它们（就算经过剪辑缩短）远比克雷格列表网上的广告更有吸引力。此外，柏思齐也利用了早期尚未成熟的脸书，使爱彼迎用户可以针对脸书用户的兴趣和爱好，发布定制广告。例如，如果你对瑜伽感兴趣，就可能在脸书上看到来自爱彼迎的广告——"把房子租给瑜伽师吧"。在那段早期时光中，如果你用正确的方式使用脸书的广告，所需的成本低，广告有针对性且效率高。

爱彼迎也使用了许多其他宣传渠道。爱彼迎的理念新颖有趣，它试图让人们口口相传，建立起口碑。渠道之一是房客，优质的客户体验不仅能带来忠实的房客和潜在的房东，还能带来口碑营销。渠道之二是房东，从一开始起，即使某城市的房东人数较少，爱彼迎团队仍会举办房东活动——这部分是为了创造出活力；到了后期，年度房东活动的参与度会更高，也就提供了更多进行口碑营销的机会。爱彼迎正是通过这样的公关活动，使企业故事进入数字媒体和传统媒体的视线之中。

出色的领导力

众所周知，杰出的首席执行官和高层管理人员能起到十分重要的作用，这在爱彼迎的案例上体现得尤为明显。爱彼迎拥有首席执行官切斯基、首席产品官格比亚以及首席战略官柏思齐，多亏了他们的领导力，前四大成功因素中的绝大部分品牌和战略要素才能大获成功："企业家"房东、"探险家"房客、极具个性的网站界面系统，以及持续扩大的规模。

在公司运营早期，这些领导者就很清楚自己的志趣所在，也很清楚什么才是当务之急。为了筹备资金，三人在 2008 年美国总统选举期间设计并推出了两款总统候选人主题的麦片"奥巴马哦"（Obama O's）和"麦凯恩队长"（Cap'n McCain's），该策略帮他们熬过了一段艰难的时光。据一名风险投资者的观察，爱彼迎的领导者们适应力强，永不言弃，对重要决策十分了解。公司最初的 300 名员工就是切斯基为了确保契合度而亲自面试和挑选出来的。

大多数成功的公司都有核心品牌价值观和激励人心、有引领性的文化。自 2009 年以来，爱彼迎的核心价值观在不断进化，现在已经浓缩成了四项："房东思维"（be a host）、"捍卫使命"（champion the mission）、"'麦片'精神"[⊖]（be a 'cereal' entrepreneur）和"拥抱冒险"（embrace the adventure）。例如，"麦片"精神指的是：思考要大胆，想法要原创，要善于随机应变，以达到理想的结果。口号"家在四方"则是爱彼迎产品和服务更凝练的本质。这些价值观是爱彼迎公司文化的驱动力，也是决策制定的指导方针。

不过，仍然有许多挑战给爱彼迎的生存带来过威胁，包括禁止其运营模式的规定、房客对房屋造成破坏的事件、德国竞争对手的出现等。但是在其品牌价值观的指导下，爱彼迎进行了缜密的思考，做出了果断的回应。

- 爱彼迎说服了监管者：爱彼迎的服务定位是为有需要的房东带来收入，帮房客降低成本并负担得起旅行费用（"你想剥夺这些真实的需求吗？"）；爱彼迎的科技创新极具吸引力（"你真的想反对新技术吗？"）；爱彼迎组织房东和房客捍卫自己的政治权利（"你得承认这些房东和房客具有政治权利。"）。这可谓一种微妙的平衡操作。

⊖ 使用了双关的修辞手法。cereal 和 serial 发音相似：cereal（麦片）指上文提到的两款总统候选人主题麦片的故事，而 serial 意为"连续的"（不断创新的企业家）。

- 虽然把房屋租给陌生人是一个敏感的话题，但是爱彼迎克服了这项挑战：爱彼迎的回应得到了人们的共鸣，不仅如此，它还提供保险计划以提高安全保障，以及一些有用信息便于"知己知彼"。
- 爱彼迎顺利化解了一家德国山寨公司的威胁：这家德国公司几乎是要爱彼迎支付一大笔钱后，它才肯让步。于是，爱彼迎加大了对欧洲市场的投入，结果该山寨公司的资源和实力不能也不敢与爱彼迎一搏，最后输掉了这场竞争。

许多投资者面对上述对公司造成生存威胁的挑战时都会被吓跑，但是爱彼迎没有，这和该公司极其优秀的领导力密切相关。

是运气还是时机

公司战略中的许多"运气"成分有时也可称为"时机"。爱彼迎的创始人很幸运，因为他们在市场、技术和竞争三个方面都占尽先机。

在市场方面，当时的经济形势为爱彼迎产品和服务的推出提供了有利条件。2008 年金融危机之后，许多人都急需收入，而出租闲置房屋的可行性高，又能很快得到可观的回报；同时，人们也希望充分利用旅游预算，找到价格较低但不牺牲舒适度和体验度的选项。

在技术方面，云计算、社交媒体、智能手机、GPS 和评分系统等技术的发展都起到了促进作用。首先，云计算出现的时机恰到好处，大大增加了网页编辑技术和支持性基础设备的可行性。如果爱彼迎必须在公司内安装服务器主机、设立数据中心，来支持所有的程序和数据存储，并且管理这些基础设施，那么爱彼迎的工作就会很困难了，因为这需要巨额的前期投资（对于爱彼迎而言）。当时，脸书鼓励用户将个人信息发布到网上，公司发展势头强劲，它也帮助爱彼迎进行了房东/房客筛查和宣传工作。2007 年 6 月，苹果公司推出 iPhone 手机；两个月后，爱彼迎宣布将进行手机应用程序的开发，让用户的使用更便捷。其次，有了 GPS 功能，用户能方便地找到房屋。最后，在潜在房客和房东的沟通过程中，评分系统能帮他们建立信任，让他们轻松地沟通。

在竞争方面，爱彼迎没有遇到相关的竞争对手，成为一家独一无二、实力强劲的公司。当时，所谓的"共享经济"公司都聚焦于度假租赁（vacation rentals）模式，因而租赁的评估标准也和度假相关，价格并不是重要的因素。不仅如此，这类度假导向的公司不重视支付和转账系统，因此缺少这项"必备要素"。此外，酒店的位置、房屋特色和整体体验等选项都相对死板；由于酒店成本固定，价格也相对较高，所以很容易成为目标。不过，从某种意义上说，爱彼迎没有遇到真正的对手，也可以归功于运气好。

爱彼迎和优步的异同

优步和爱彼迎同于 2010 年正式推出服务，最初优步也和爱彼迎有许多相似特征。优步推出共享出行服务，经济效益实现了迅猛增长。截至 2017 年，优步获得超过 170 亿美元的投资，估值超过 600 亿美元。2019 年 5 月，优步上市，估值约为 750 亿美元。所谓的"运气"或"时机"也促进了优步的发展。和爱彼迎一样，优步为司机和乘客开发出的界面参与感强、操作便捷，地图还增加了汽车图标，你能看到汽车正向你驶来。

不过，与爱彼迎相比，优步有三处明显的差别。

第一，优步的使用体验更交易化和功能化。乘客和司机虽然会在一起待相当长一段时间，但是他们之间的个人联系极少，不像爱彼迎定义的"企业家房东"和"探险家房客"，优步提供的体验和关系没有超越功能范畴。其实，优步可以号召大家"共享汽车，拯救地球"，继而推出一系列项目，如拯救地球活动，帮助面对干旱或海平面上升威胁的人群，但优步没有这样做。不仅如此，优步还在声势浩大地推进昂贵的无人驾驶项目，它与司机之间的相关性本就脆弱，现在更是雪上加霜。

第二，优步的收入增长依赖于对司机和乘客的补贴和奖励，以此建立他们的交易忠诚度（transactional loyalty）。由此可见，优步主要靠价格吸引司机和乘客。从某种意义上说，优步无法避免市场上出现强劲的竞争对手（如美国的来福车）——其中大部分公司都大力使用补贴和奖励政策，而这项规模扩张战略（每年花费数十亿美元）也是优步一直亏损的原因之一。

第三，优步的 CEO 特拉维斯·卡兰尼克（Travis Kalanick）十分激进。最初，优步的核心价值观还包括"踩着别人上位"（toe-stepping）和"有原则地对抗"（principled confrontation）。优步的公司文化也和爱彼迎（建设房东群体，提高房客体验）截然不同，它的文化也许的确促进了公司的发展，但有时也激化了公司与监管者之间的矛盾，让公众思考优步在社会中到底扮演着什么角色。卡兰尼克自己就制造了许多公关问题：从他训斥一名优步司机的视频在网上发酵，到对性骚扰的纵容，再到对司机数据泄露事件的不当处理。最终，卡兰尼克迫于压力，在 2017 年辞去优步 CEO 一职。接任者为达拉·科斯罗萨西（Dara Khosrowshahi），他必须重振整个公司，不过这最多也是转移人们的注意力而已。

爱彼迎值得借鉴之处

爱彼迎的案例表明，在数字驱动的共享世界里，如果公司不依赖领导者的才能和时机／运气，应该如何推进颠覆性细分品类战略。若不是有科技的发展、竞争的转移和经济衰退的大环境（人们愿意增加收入和节约旅游成本），这样的战略实施和努力很可能就会失败。天时、地利、人和，缺一不可。

对于爱彼迎而言，领导力十分关键，不仅能创造机遇，还能构建品牌愿景，建立稳固的长期关系，并且在面对未知的复杂形势时，通过自身实力和坚持不懈来实现该愿景。毋庸置疑，爱彼迎的杰出领导层在公司领导力等许多方面都发挥了重要作用。如果优步的领导力能保守一点，能在更广的范围内发挥作用，也许公司就不必艰难地进行"重建"了。

扩大品牌规模在共享时代也很重要，它能增强网络效应，通过房东和房客群体巩固价值主张。成为增长最快的公司而完胜其他竞争对手，投资者也十分重视这样的发展势头。然而，优步的案例提醒我们，若是不计代价地痴迷于收入增长，就会造成负面影响。

从爱彼迎的案例中可以看出，新的颠覆性细分品类是由多项"必备要素"决定的，这些"必备要素"合起来能代表用户体验以及人们与该品牌的关系。对爱彼迎来说，数字界面系统和房东／房客战略可能就提供了20个品牌特征或相关性基础，它们一同确定了该细分品类，创建了忠实的客户关系，给竞争对手设置了壁垒。同时，其中许多"必备要素"也支持更高层级或伞状"必备要素"，如"企业家房东"或"探险者房客"的概念。随着时间的流逝，不断增加"必备要素"的数量，并对其进行强化，能让房东和房客更加热爱也更忠诚于爱彼迎，还能让品牌更有活力、更加可信。

此外，品牌不能局限于自身的功能性。品牌的功能边界比较容易衡量和管理，比如房客需要房间、房东得到收入。不过，当旅行成为一次探险，人们能入住独一无二的房屋，参加"爱彼迎体验"活动时，房屋租赁能收获的体验就更丰富、更深入，更可能成为口口相传的佳话。不仅如此，当房东真正成为"东道主"并以企业家的标准要求自己时，其展现的特色和提供的服务将更具创新性，产品和服务的标准也会提高。如果优步能在超越交易关系和功能性利益方面付出更多努力，也不至于此。

接下来的第四章将讨论电子商务，该数字化突破为创新型企业家提供了连接顾客的零售渠道。

数字化颠覆：电子商务

> "如果你以竞争对手为中心，你就不得不等待你的竞争对手有所作为；如果你以客户为中心，你就会更具开拓性。"
>
> ——杰夫·贝佐斯（Jeff Bezos）

当你想买点什么时，如果只花几分钟的时间就能找到并购买那件商品，那该多么有趣，多么让人满足啊！购物不方便、找不到心仪的商品以及有时过高的价格，都能成为购物失败的原因。不过，这是可以改变的。

这样的思考催生出了数字化优先的电子商务选项，它能够改变人们搜寻和购买商品的方式，成为新的颠覆性细分品类。电子商务之所以可行，是因为有先进技术的支撑，如互联网、移动设备、计算机、软件平台等的改善和突破。一系列潜在的"必备要素"就此诞生，包括优化的搜索功能、更低的成本、更多（如各类品牌、型号和口味）且更简洁（简化的选项）的购买选择、导购服务、便捷的转账流程和送货到家的物流。

那么，如何才能用好电子商务这个工具，建立起新的颠覆性细分品类？亚马逊是怎么做到的呢？亚马逊有哪些"必备要素"？我们能从亚马逊30多年的经营中得到什么启示？那些与"房间里的大象"⊖竞争的公司又如何呢？面对亚马逊的巨大影响力，这些公司又是如何获得成功的呢？

从电子商务领域总结的经验也适用于其他领域。例如，有些品牌能够借鉴亚马逊的成功经验在市场中赢得或保持主导地位；同时，面对亚马逊的巨大影响力，仍能创建并拥有可行细分品类的品牌，剖析强劲对手可能存在的弱点。

亚马逊的超强实力

亚马逊创建于1994年，最初是一家销售图书的电商企业，企业使

⊖　本意为房间里有一头大象，大家居然都装作没看见，该做什么做什么，引申为对显而易见的问题的忽视。——译者注

命是成为世界上藏书规模最大、深受顾客喜爱的公司。仅在 25 年后，亚马逊就成为第二家市值超过 1 万亿美元的公司，并在美国电商市场占近 50% 的份额，在某些品类中的份额甚至超过 90%（如电池和护肤品）。2019 年，亚马逊美国版的网站每月访问量接近 2 亿次，并在全球以迅猛的速度持续增长。由于亚马逊的发展势头强劲，每年都有越来越多的实体店零售商倒闭。

亚马逊的成功可以归结于许多因素。

一是亚马逊对高速增长和相关基础设施投资的重视，资金支持来自上述短期利润指导下的销售和亚马逊云服务（即 2006 年推出的 AWS）所带来的现金流。

二是亚马逊致力于测量和实验，这样就能利用数据来优化展示的商品，以及商品的展示方式、定价和推广方案。

三是亚马逊面向客户推出的一系列方案，这些方案促成了"必备要素"的产生，进而使亚马逊在电商领域引领并定义了一系列颠覆性细分品类，并随着时间的推移不断得到强化和扩展，包括在线试读、愿望清单、买家评论、一键购买、金牌会员、订阅 & 省钱（Subscribe and Save）和个性化推荐功能，此外，亚马逊还享有安全支付系统、出色的公司运营、广泛的商品范围和低廉的价格等优势。接下来，我们将详细分析其中几项特点。

出色的公司运营

亚马逊各个层面的运营都非常出色，从仓储到物流再到网站体验都是如此（商品展示和响应时间至关重要）。亚马逊极具创新能力，提供的体验不仅超出顾客预期，而且十分可靠。从某种意义上说，这一切都可以部分归因于亚马逊实力不菲，勇于创新和扩大规模，进行系统实验，以及积极投资增强顾客体验的基础设施建设。

在电子商务领域，亚马逊的日常管理成了业内标杆，因而也拉高了人们对其他公司的期望值。亚马逊会从多个维度来衡量工作质量，迅速发现工作质量的下滑并进行处理。很少会有顾客对网页搜索、响应时间、网站显示，以及商品的购买、运输和退货感到不满，这些功能和服务的质量似乎一直都不错，并通过了客观的满意度测评。当顾客发现了新的选项或服务时（如当日送达），甚至会十分高兴。顾客使用亚马逊后，就算没感到特别愉悦，也会觉得满意。

铂慧公司每年都会研究与品牌相关性有关的 20 个属性。通常来说，亚马逊的可信度和可靠性最高，且远远高过其他品牌。

广泛的商品范围

亚马逊从一家"书店"发展成了一家"百货商店"。也就是说，你只需要在亚马逊网站上输入数据（如信用卡卡号和收货信息），就能找到几乎所有产品甚至服务。然而，在很久之前，人们觉得亚马逊没有优势，因为其网站后缀不是 books.com。甚至在那时，亚马逊已怀揣着要变得更强的愿景。

广泛的商品范围为亚马逊提供了数据，将顾客兴趣及其购买行为联系了起来，使公司能进行深入分析，促进了机器学习的发展，这是更小型、更专业的电商网站所无法比拟的。因此，亚马逊能实现交叉销售⊖、基于活动或兴趣的促销，以及个性化展示。

此外，还有长尾⊜库存（long-tail stocking）政策。顾客开车去实体

⊖ 指公司发现并满足现有客户的多种需求，从而实现销售多种服务或产品的营销方式。

⊜ 即长尾效应，指在网络时代，原来不被重视、销量少但种类多的产品或服务由于总量大（通常处于正态分布曲线的"尾部"），产生的总体效益甚至会超过主流产品（"头部"）的现象。

店，得知店里没有理想型号、尺寸或颜色的商品后，可能会产生强烈的失落感。然而，在亚马逊购物就不会出现这种情况，因为从一开始，亚马逊就重视提供长尾商品（因缺少市场需求而常常无库存的商品）。例如，你总能在亚马逊上找到一些不太起眼的图书或奇装异服。

低廉的价格

亚马逊以低价销售商品，价格有时比竞争对手低很多。亚马逊之所以能负担低廉的价格，是因为它没有实体店，公司运营效率高，不把盈利放在首位。只要能促进业务的增长，亚马逊可以接受零利润。所以，竞争对手很难和亚马逊打价格战。

"比对手更低的价格"也出自一个复杂的定价模型，可以看出亚马逊对数据的分析和管理进行了巨大的投资。该数据库涵盖了竞争对手在其他零售场所的商品定价，当其他零售场所中出现比亚马逊更低的价格时，定价模型就会实时调整商品价格，因而每天亚马逊都有数以千万计的商品进行一次甚至多次价格变动。此外，该定价模型还可用于管理商品需求。如果某件商品的需求猛增，亚马逊有时会选择提高销量和顾客满意度，而非提高价格。

买家评论

1995 年，亚马逊推出了买家评论功能，对人们产生了极大的影响力。研究发现，当人们不确定是否要购买时，就会使用并依赖买家评论。买家评论之所以强大，是因为买家亲身体验过商品，人们也认为买家的评论是公正的，不会偏袒卖家和商品。亚马逊已经在网站上提供了买家评论，顾客不必再去 Yelp 之类的点评网站查找信息了。

亚马逊面对的问题是，一些从未购买或使用该商品的人会留下虚假或别有用心的评价。对阅读评价的人来说，这倒不会产生什么大的影响，因为评论缺乏细节的描述，或者是纯粹的赞美，并没有多少可信度和价值。但是对评分为一星或五星的商品来说，这类评价会大大影响商品的总体评分。亚马逊正在积极应对这一弊端，开展监督，改变政策，但该问题仍然存在。

一键购买

1999 年，亚马逊推出"一键购买"功能，从而迎来了交易上的突破。此项功能大大简化了下单流程，让任何交易都像点击鼠标一样容易。这在当时是一项巨大的"必备要素"，定义了一个新的颠覆性细分品类。有了一键购买功能，顾客没了拖延购买的理由，能够轻松地完成购买任务，并感到平和与满足，同时也强化了顾客的忠诚度。这项功能代表了亚马逊交易的便捷性和可靠性，大大减少了"购物车遗弃"[⊖]（shopping cart abandonment）的情况。在亚马逊发展成一家"百货商店"的过程中，一键购买发挥了非常大的作用，再加上便利的一站式购物体验，使得亚马逊成为人们无法抗拒的网站。

一键购买不仅培养了一批忠实的顾客，还展示了亚马逊出色的可靠性和数据安全性，使顾客愿意让亚马逊访问其个人信息、购买和搜索历史。亚马逊从"一介书商"蜕变为"百货商店"，为第三方零售商提供市场平台，在此过程中，亚马逊的数据库不断扩大，成为公司的优势，让竞争对手难以企及。

金牌会员

2005 年，亚马逊推出具有颠覆性的金牌会员服务，用户付费订阅后，

⊖ 指顾客在线购物时，将商品放入购物车，却不完成结账过程。——译者注

可享受两天内（一些商品和地区可在几小时内）免费送达（在购买低价商品时显得尤为重要）。这便是亚马逊的另一项决定性的"必备要素"，让用户在购物时不必权衡运输成本后再做决定。截至 2019 年，亚马逊在美国的金牌会员人数超过 1 亿，占所有家庭的近 60%。金牌会员的吸引力不仅是更快的免费送货服务，还可以提供免费的音乐、电子书、电影和电视节目——与订阅制的流媒体播放平台网飞（Netflix）不相上下。金牌会员的年费为 129 美元，会员每年平均消费 1400 美元，而非会员每年平均消费 600 美元。会员的购物频率约为非会员的两倍。

金牌会员不仅提供了诱人的功能性优势，还带来了归属感。你与一家极其成功的公司相连，是其团队中的一员，你享受了优质的个人体验和丰厚的福利。这是非会员无法获得的，他们只能投来羡慕的目光，因此你肯定比他们更聪明、更时尚。

订阅 & 省钱

亚马逊于 2007 年推出的"订阅 & 省钱"服务，可根据顾客的选择，主动定期配送商品，尤其是经常使用和购买的物品，如尿布、零食、纸巾、水、洗衣液和洗发水等。如果顾客选择了五种及以上的商品，可享受很大的优惠（基本价格有时会受动态定价模型的调整）。金牌会员还可享受折上折。

个性化推荐

早在 20 世纪 90 年代初，虽然当时亚马逊只销售图书，但已经能熟练地设置个性化的电商体验了。亚马逊在向顾客推荐图书时会考虑：用户之前买过什么书？这些书是什么题材？其他顾客准备或已经购买了什么书？有什么物品会经常被一起购买？亚马逊能实现这样的个性化推荐

（当然现在已经不局限于图书），离不开强大的数据库、对商品的多年测试，以及学习顾客活动的分析模型。

亚马逊的魔法

亚马逊为什么能成为如此成功的创新者？有两大要点。第一，亚马逊专注于顾客体验——避免让顾客失望，要让他们非常放心，并时常感到愉悦。顾客是重点，不仅要提高现有体验的质量，还要不断创新，加大投入，持续提升这种体验，达到始终如一的满意度。许多面向顾客的创新服务或商品也不断涌现，如一键购买、金牌会员和订阅 & 省钱，人们能更容易地记住它们，并将其和亚马逊联系起来。

第二，为了回应对顾客的承诺并实现"百货商店"的愿景，亚马逊设定了清晰且积极的投资战略。亚马逊似乎经常会"孤注一掷"地深度投资研发、软件和物流基础设施——如果采取更谨慎的做法，风险会小很多。亚马逊也利用了来自投资者和云服务的现金流，最后转化为卓越的顾客体验和相关的基础设施，给竞争对手设置了巨大的壁垒。

亚马逊之外

亚马逊走的路并非唯一正确的道路，许多公司也找到了与之抗衡和获胜的路径。

亚马逊的一些竞争对手以门店取胜，如沃尔玛、家得宝、丝芙兰和宜家，它们的电商战略在一定程度上便依赖于这些有形资产与电子商务之间的联系。许多品牌推出了"网上购买，到店取货"的选项（例如，家得宝的线上购物订单有一半是到门店取货）；其他品牌则鼓励到门店的顾客在线上购物，对缺货商品来说尤为如此。

不过，本章关注的是数字化优先的电商公司，有时也被称为"直接面向消费者（D2C）的公司"。这类公司重视电子商务引领的某类商品和/或消费者应用程序，虽然公司也许有门店，但是顾客主要通过网站进行下单。市场上有许多电商优先的零售商，如服装品牌史迪奇·菲克斯（Stitch Fix）、波诺波斯（Bonobos）和埃韦兰斯（Everlane），眼镜品牌沃比·帕克，化妆品品牌格罗西尔（Glossier），行李箱品牌艾薇（Away），鞋履品牌欧布斯（Allbirds），半成品净菜电商蓝围裙（Blue Apron），美发品牌麦迪逊·里德（Madison Reed），床垫品牌卡斯珀、家纺品牌博尔&布兰奇（Boll & Branch），二手车零售商车美仕（CarMax），直营银行艾利银行（Ally Bank）、平价居家用品品牌"无品牌"，美妆电商伯奇盒子（Birchbox），内衣品牌宠爱我（Adore Me），剃须刀品牌一美元剃须俱乐部，手工艺品电商易集等，它们的目标都是成为该特定商品或顾客领域中唯一相关（或至少是最相关）的电商品牌。

这些（以及其他）公司都建立了自己的网站，并在亚马逊的"伞"外形成了核心顾客群。同时，亚马逊的一些竞争对手选择"打入敌人内部"，成为亚马逊的第三方卖家，使其用户数据和搜索引擎为己所用。不过，这类竞争对手同时也将品牌介绍、配套商品营销和顾客数据的控制权拱手让给了亚马逊，让潜在的竞争商品有机可乘。想想玩具反斗城公司（Toys "R" Us），它在亚马逊上进行电商营销，让顾客习惯了在亚马逊上购买玩具，最终给自己带来了致命后果。还有一种选择是同时使用亚马逊和自己的网站，不过这并不简单，因为所需的资源和顾客无法完全用于构建自己公司的网站和顾客群。

那么好消息是什么呢？与亚马逊抗衡并获胜，获得一个增长平台，产生短期和长期利益——这是可能实现的，已经有数量惊人的数字化优先的专业公司做到了这一点。关键在于，要发现亚马逊的弱点，找出利用这些弱点的方式，建立电商网站，吸引访问者和忠实顾客。鉴于亚马逊的所有资产和技能，我们可以将其描述为这样一家商店：

- **关注功能**：依靠机器和系统，缺少人情味。
- 致力于成为**满足所有人的"百货商店"**，因而缺乏特色，对任何商品或活动都缺乏热情。
- **无吸引力的个性**：人们通常认为亚马逊是一个拥有无上权力、时而傲慢的巨人，十分无趣。

并非所有人都会认同上述三条评价，但是亚马逊确实能变得更加有吸引力。

战胜亚马逊的策略

上文提到的大部分公司都获得了惊人的市场成功和财务成功，没有被笼罩在亚马逊的阴影之下。它们是怎么做到的呢？这些公司采取了一系列策略，绕过其优势或使其无法发挥作用——实际上，它们使用了经典的柔术策略。

下列八项策略可以用于创建不同于亚马逊的颠覆性细分品类。

树立细分品类的信誉

亚马逊是一家"百货商店"，也因此在任何领域都不是"专家"。成功的关键就在于选择一个专门的产品领域，并成为该领域的"专家"，至少在网络世界是如此。这些产品领域可以是眼镜、剃须刀、床垫、音响等，并且在该领域你的品牌能提供最具权威和洞见的产品。

产品的信誉始于实现或超额实现品牌承诺，当客户知道公司为何能实现承诺后，产品就会更具吸引力。公司如何制造产品？如何提供服务？过程是怎样的？员工是谁，他们受过何种培训？创始人的故事是什么？创造产品的动机是什么？公司的组织价值观是什么，这些价值观如何影响公司可靠地提供优质服务／产品的能力？

埃韦兰斯公司于 2010 年以做 T 恤起家（6 年后公司估值 2.5 亿美元），产品价格透明（你能清楚地知道其成本的构成），生产符合道德规范。埃韦兰斯在官网上讲述了每一家合作工厂（共十多家）的故事——选择它的原因、它表现出色的原因、工厂运作的照片以及工厂负责人的描述。公司还实行工厂评级制度，尤其重视工人的待遇。这些故事的可信度不是只说说就能达到的。

内部设计可以有效地提供可信度。例如，引言提到的沃比·帕克眼镜公司成立于 2008 年，公司聘请了一位资深的眼镜设计师，他被这个从零开始设计一个产品系列的机会所吸引。最初的眼镜系列有 27 个款式，既实用又美观，还符合当时的流行趋势。早期，关于沃比·帕克的文章经常会评价眼镜款式的质量。随着时间推移，沃比·帕克获得了最高的净推荐值，即最高的赞赏。再如，2014 年 5 月创立的床垫品牌卡斯珀（5 年后估值 11 亿美元），设计团队来自旧金山的设计创新咨询公司艾迪伊欧（IDEO）。他们设计出的产品（之后有了三个版本），材料独特，"极度舒适"，在 2015 年被《时代周刊》评为"年度最佳发明"。

对品牌和细分品类进行相关扩展，可增强可信度，并让人们更好地认识到：这家公司能理解最根本的功能性利益。沃比·帕克眼镜公司成立后不到 10 年，就推出了配镜处方检查移动 App，扩大了产品范畴，这意味着符合条件的顾客只需 40 美元就能开具新的配镜处方，而不必去找眼科医生验光。由此可见，沃比·帕克做的不仅是设计和制作眼镜框。对卡斯珀而言，除了床上用品之外，公司还推出了卡斯珀辉光灯（Casper Glow），这款灯能随着用户进入睡眠状态而变暗，反过来，它能逐渐提高亮度把用户叫醒，而不用闹钟；此外还有狗狗床垫和地图枕头。这些扩展产品／服务表明，卡斯珀的确称得上"睡眠专家"。

声音和语气也能提高可信度。大家都熟悉传统的床垫电视广告，少不了推销员高喊售价的画面。然而，卡斯珀的广告十分不同。在一些广告中，卡斯珀床垫的"代言人"是可爱的小狗、小猪或小羊，它们睡在卡斯珀床垫上，享受着梦幻般的柔软舒适。此外，卡斯珀提供了时长一个多小时的冥想视频，助你入睡。即使是展示三款床垫差异的产品视频，内容也实事求是、客观公正，以对话的形式展开，还带着轻松幽默——和传统的推销完全不同。

对品牌创建新的颠覆性细分品类的能力而言，信誉始终位居核心地位，在电商领域更是如此。接下来的七大策略既支持又依赖于品牌的信誉。

创建更简单的选择组合

品牌若在细分品类中具备高信誉度，就可减少顾客对产品／服务的选择数量，从而简化产品购买的决策过程，也能简化人们的生活。亚马逊销售的产品数量约为 3.53 亿种，几乎所有品类下都有数百个甚至数千个选项——许多远远超出了顾客可以处理的信息量。比起复杂，人们更喜欢简单，而过多的产品选项并不能体现出"简单"。

以一美元剃须俱乐部为例，该公司成立于 2012 年 3 月，4 年后被联合利华以超过 10 亿美元的价格收购。用户每月只需支付 1 美元的订阅费和 5 美元的套装费（包括剃须刀柄、剃须膏和几个刀片），就能定期收到一小盒剃须刀片，无须忍受在商店购买剃须刀片的痛苦和高昂的费用。

这体现了人性化的简约。到了 2019 年，公司将之前的一款剃须刀细分为三款剃须刀 / 刀片，分别命名为"哈恩博"（Humble）"4X"和"豪华"（Executive），即入门级、中级和高级剃须刀，每月订阅价格分别为 3 美元、6 美元和 9 美元。相较之下，亚马逊竟有 1.2 万种剃须刀产品——这是真的，不是在开玩笑。此外，一美元剃须俱乐部还销售一款包括白色或黑色的牙刷，而亚马逊则有 8000 种牙刷产品。谁会想要那么多的选择呢？亚马逊提供了这么多选项，对顾客来说是"必备要素"，还是"求求你饶了我"呢？

好消息是，亚马逊有你想要的颜色、款式、类型和大小；坏消息是，你必须进行筛选和选择。许多人都厌倦了"复杂"和"选择"，因此亚马逊的商品虽然种类繁多但并不具有吸引力。在几乎所有成功的电商案例中，都只提供了有限的选择，作为你的最佳之选。这些品牌 / 公司强调，如果你需要花好几个小时来研究选哪一款产品，那么你的最终选择也不会好到哪儿去。

"简单"的价值已经被众多研究所证明。一项研究在三个国家各找了 7000 名消费者，让他们在购买各种产品之前和之后分别回答一系列问题，最后发现，消费者"黏性"的最大驱动力是"简单的决策过程"，而非品牌关系或消费者的心态。心理学家巴里·施瓦茨（Barry Schwartz）在《选择的悖论》（*The Paradox of Choice*）一书中表示，人们做决策的过程越复杂，就越可能感到焦虑、犹豫和后悔，对购买体验和产品本身的满意度也越低。太多的选项可能会让人不知所措，甚至寸步难行。

"简单"不仅和选项的数量有关，选项信息的呈现和组织方式也会对其产生影响。在一些汽车和保险品类中，就有对比自家产品和竞争对手产品，来给消费者提供参考的做法；相反，提供太多不相关的信息，或者展示信息的方式不够清楚明了，都无法为消费者带来帮助。

创建品牌社区

亚马逊十分重视功能性利益，但不能很好地分享用户对产品或活动的热情。通过共同的兴趣或热情，在品牌和用户之间建立起联系，这是一项亚马逊无法轻易复制的"必备要素"。创建在线品牌社区，主打共同兴趣，能够让品牌和用户建立联系、加深关系（更多细节将在第六章讨论）。用户会在某个时刻感到"自己找到了一个家"，这种联系有助于建立品牌信誉；当人们和某个品牌有了共同的兴趣点，便不太可能质疑它的可信度。

引言提到的易集就创建了买家社区，该社区围绕共同兴趣（有趣、高质量的手工艺活动）展开，买家能和手工艺人建立连接，还能享受在社区"闲逛"的乐趣；易集的卖家社区则由手工艺人组成，他们富有创造力，做事投入，有志于将自己的热情转化为事业，他们渴望与他人创建联系，交流有关制作材料、过程、设计、网站、促销等方面的信息。易集聚集了卖家和买家的能量，这两个群体都真正相信并践行着易集的企业使命。正如引言所说，铂慧的年度品牌相关性研究显示，易集在品牌激励能力上位居第三——这部分归功于其活跃的品牌社区。

制定更高的目标

亚马逊是市场巨头，它销售的商品价格低廉、选择广泛、可靠性高，而且界面易于使用，这些都使得它能占据市场的主导地位。亚马逊的首要任务是以客户为中心，提高销量。然而，如今的人们（尤其是"千禧一代"）希望与这样的组织建立联系：它有着更高的目标，受到人们的尊敬和欣赏，它会为了大众、社会和地球做出贡献，赚钱并不是它的唯一目的。

产品和功能性利益也为更高的目标提供了基础。例如，易集就希望通过人们及其生活方式、价值观和社区，来促进创新手工艺的发展；睡眠公司（不是床垫公司）卡斯珀的企业使命是让世界上的人们好好休息，充分挖掘其潜力。同时，更高的目标需要有实质性内容的支撑。例如，卡斯珀会宣传睡眠相关的研究，开发卡斯珀辉光灯等产品，甚至推出了冥想视频——很难想象亚马逊会关心人们的睡眠质量好不好。

更高的社会或环境目标往往会让人产生更强的自豪感和更多的灵感。公司是否有应对社会和环境问题并贡献一分力量的责任感？能力又如何？市场中有相当数量的人群对此很敏感，且人数还在不断增加。同时，越来越多的公司提出了令人瞩目的社会环境使命，支持项目也卓有成效，因而得到了客户甚至股市的"奖励"。

以互联网直销银行艾利银行来说，它的使命是帮助人们获得经济流动性，最终实现金融梦。为了完成该使命，艾利银行推出了金融教育平台，以让成千上万的人获益：孩子们通过儿童读物养成了良好的用钱习惯，成年人也通过免费的"智慧钱包"（Wallet Wise）课程学习了金融基础知识；艾利银行的员工会去到教室，帮学生建立网站；艾利银行还推出了面向社区人群的服务，帮助人们学习技能，获得资源，升职加薪。

如何真正实现更高的社会或环境目标？可以让有需求的人群清楚地认识到该产品的相关性。沃比·帕克眼镜公司想解决这个现实问题：世界上有 25 亿需要但无法获得眼镜的人，其中四分之一甚至无法有效地学习或工作。于是公司推出"买一捐一"项目，在前 7 年里就捐献了 500 多万副眼镜。此外，家居用品电商"无品牌"每完成一笔订单，就通过食物银行[⊖]（food banks）捐出一顿饭；卡斯珀会给需要的人提供床单和床垫。

　⊖　并非传统意义上的银行，指专门为接济当地穷人、发放食品的慈善组织。

增加人情味

亚马逊企业规模大、效率高，但是机械化程度高，缺乏人情味。人们无法在亚马逊网站上找到与真人沟通的渠道。因此，如果亚马逊官方能安排了解产品领域的人员，并向顾客提供联系方式，就能让他们产生"有人在乎自己"的感觉，而不是只能一个人生闷气。缺乏人情味让亚马逊处于不利地位。

顾客进入零售商店后，如果能与真人互动，那就再好不过了。沃尔比·帕克就提供了这样的电话服务，工作人员随时在线，顾客只需等待6秒钟。就算你不需要拨打这个电话，只是知道这项服务的存在，就能让人心安。同样地，卡斯珀设置了"联系真人客服"选项，来让顾客放心。

说到底，还是要让真人参与到产品或服务中。例如，服装电商史迪奇·菲克斯提供私人造型师为顾客搭配服装，顾客收到搭配好的服装后，可以买下喜欢的，并退回不喜欢的。所有物流均免费，也不需要订阅。史迪奇·菲克斯的客户还能获得造型师的建议和分析。再如，内衣电商宠爱我，为了和维多利亚的秘密（Victoria's Secret）竞争，推出了VIP订阅服务，每四周就会设计一套新内衣，展现了宠爱我的时尚引领力。公司要做到这点，不仅要了解客户，还要有人能预测未来的趋势——这可都不是亚马逊的风格。

人情味并不局限于和真人的互动。有的品牌会发送个性化信息，祝贺客户达到某种忠诚度水平；还有的品牌（如易集和无品牌）有会员制，会员有资格购买特定产品、参加促销活动，以及获得独家信息。这种方式能让人觉得和品牌联系了起来，并受到了重视。一美元剃须俱乐部就提供这类订阅服务。

成为顽强的"弱者"

在面对实体连锁店和亚马逊时，要成为顽强的"弱者"。以一美元剃须俱乐部为例，它在吉列这样的美国知名剃须刀品牌面前是弱者。长期以来，这些大公司让购买剃须刀成了一件难事，它们也似乎不愿或无法改变。除了销售大牌剃须刀的实体连锁店，一美元剃须俱乐部在面对亚马逊时也是"弱者"：人们觉得亚马逊是一个无所不能的巨人（但是缺乏人情味，也很无趣）。

人们喜欢听弱者的故事。老牌企业严肃无趣，有时还很自大，人们常常会为它们的挑战者欢呼。于是，这些弱势品牌成了可爱的"小狗"，不停地轻咬斗牛犬的脚跟。人们允许弱者表现得与众不同、叛逆和幽默（这点最为重要），并以此吸引眼球。

幽默这个工具尤其强大，可以产生颠覆性的效果。幽默是一种有吸引力的性格特质，对大多数的人际关系都有益，因为大多数人都愿意和让自己开怀大笑的人在一起，这样会更有趣。有的品牌想打入电商领域，推出颠覆性的创新产品，对它们来说，幽默尤其有效：幽默不仅能让人产生好感，并将好感转移到品牌上，还能吸引顾客的注意力，并分散竞争对手的注意力。幽默能激发人们分享，进而让品牌传递出的信息快速传播，许多新品牌因此为人所熟知。此外，幽默能促进沟通。由于受众的注意力在有趣的内容上，因此更容易接受和回忆这些内容，对其产生怀疑的概率较低。第九章将进一步讨论幽默及其如何为细分品类和标杆品牌创造"个性"。

例如，一美元剃须俱乐部在与客户互动时，会选取幽默和离奇的主题。该公司在成立初期发布了一个略显"无礼"的视频，介绍创始人和公司理念，希望人们能便捷地买到便宜的剃须刀片。这个视频非常幽默，也很真实可信。视频中的招牌标语"我们的刀片棒极了"（Our blades are f***ing great），在网上疯传，甚至让网站崩溃，公司两天内就收到了 1.2 万份订单。截至 2019 年，这个视频的浏览量超过 2600 万次。除了视频，一美元剃须俱乐部每个月发货时会附上名为《洗手间读物》(*The Bathroom Minutes*) 的小册子，内容十分独特，富有趣味，通常都很幽默。公司还专门建设了网站，从男性的角度分享有关生活方式和文化的内容，涵盖性、人际关系、健康和金钱等，既有趣又幽默。该公司推出了一款名为"一擦就净"（One Wipe Charlies）的男士湿厕纸，并在产品广告中说"让我们来谈谈后门"（Let's talk about No.2）。毋庸置疑，一美元剃须俱乐部的幽默不仅有助于塑造品牌个性、建立品牌关系，还有助于沟通和交流。

定位为实体店的替代品

亚马逊的定位是"百货商店"，也可以说是购物商场的替代品，但是亚马逊并不能替代专卖店或专卖店销售的品牌。相反，电商优先的专门品牌能和实体连锁专卖店竞争，这个细分品类处于同时包含电子商务和实体店的品类之下。电商优先的专门品牌具有以下优势：第一，90% 的零售通过实体店销售，客户的潜在市场巨大，你不需要和亚马逊抢客户；第二，你能改善较差的实体店购物体验，因为你代表了一个品类或细分品类；第三，和实体店相比，你其实具备亚马逊的一些优点，如价格低廉。

价格低廉：与实体零售商相比，电商优先的公司通常具有可持续的成本优势，由此产生的低价能大大吸引实体店的顾客。以 2017 年 7 月成立的"无品牌"为例，该公司销售零食以及家居、个人护理和宠物用品，不收取"品牌税"，因为它们不需要进行昂贵的品牌建设活动，公司甚至会在顾客买单时显示省下的"品牌税"。此外，通过研究和测试，无品牌会改进产品质量或者选择高质量、健康和更环保的产品。无品牌的产品上有简单的标签，如蓝玉米脆片（有机、不含麸质、100% 全谷物玉米）、无氟牙膏和非木纤维环保纸巾。无品牌的产品选项很简单，因为它已经为顾客挑选出了"最佳产品"。不过，无品牌的撒手锏还是低廉的价格（和实体店相比，而非亚马逊），而且实现低价的方式不是降低质量，而是去掉"品牌税"。

一美元剃须俱乐部从一开始就专注于低价，要让自家剃须刀片的价格远远低于本地零售店出售的大品牌。它高喊着"低价"，通过可靠且令人印象深刻的方式进行宣传。相反，亚马逊几乎从未宣传过自己的剃须刀或零食价格低廉。我们发现，其实亚马逊很少谈论定价，尤其是某个细分品类的商品价格，即便亚马逊的定价总体较低。这部分是因为亚马逊的商品定价是基于算法的，会根据数据的改变而改变（正如本章开头所说的那样），因此很难具体地宣传价格。

"试用"体验：电商品牌与实体店零售竞争时，需要解决顾客"不购买"的潜在原因，其中最棘手的是"试用"壁垒。有顾客认为，在购买许多电商产品前需要"试用"，摸一摸，感受一下，这种体验是"必备要素"。当顾客想要购买眼镜（如沃比·帕克）、服装、化妆品和家居用品等产品时，"合适"是他们最看重的。因此，一种新的策略应运而生：在实体店或快闪店中展示产品，以弥补线上购物体验的不足，但是订单仍需线上完成，然后进行配送。

另一种策略是虚拟试用，公司常通过数字图像向顾客展示产品或产品的应用场景。以 3D 家装设计公司莫西（Modsy）为例，公司先请顾客为房间拍照，测量相关尺寸，之后让他们完成一份关于需求、现有家具和装修预算的测试，然后生成两款 3D 定制设计（可根据顾客需要修改或重做）。顾客可直接从设计中订购物品，也可从十多家合作家具零售商的产品中挑选。

强化实体店的协同作用

亚马逊确实在电子商务上颇费心思：公司象征性地开设了小型实体书店，推出了无人便利店，收购了全食超市。不过，从经营范围和价值主张来看，亚马逊进入大街小巷的"实体化"能力是有限的。

亚马逊当然不可能专门开一家店来卖床垫，但是卡斯珀可以，也确实做到了。卡斯珀开设门店，以此展示床垫产品。5 年后，它的门店数量达到了 20 家左右，并且计划继续增加。此外，顾客还能在诺德斯特龙百货公司试用和订购卡斯珀床垫。对于沃比·帕克眼镜公司而言，他们发现一些顾客不满足于免费寄出的 5 副眼镜框（开具的处方未经实测），仍然想要到店体验。因此，公司在 2013 年开设了实体店，到 2019 年，在美国和加拿大开设的实体店数量约为 70 家。不过，公司一半的业务仍然来自线上交易。

还有许多成功的电商品牌，将电商作为首要的销售渠道的同时，也注重开设实体店。例如，销售休闲衬衫的安塔克伊特公司（UntuckIt）在成立 5 年后，就有了 40 多家门店；内衣初创公司宠爱我在 2019 年启动了一项积极开设门店的计划；电商美妆品牌伯奇盒子在连锁药店沃尔格林（Walgreens）设立了品牌专区。

电商品牌纷纷打入实体店（有的品牌曾发誓"永远不开实体店"），这是为什么呢？原因有如下几条：

- 这种方式能充分利用品牌实力、核心顾客群和电商网站的影响力。与没有电商业务的门店相比，这类门店占有相当大的优势。

- 产品在门店中展示，有利于建设和强化品牌文化，也能充分利用公司的股票。门店能比网站更生动和真实地讲述品牌的故事——随着线上宣传成本的增加，这项优点尤为重要。
- 由于线上零售店数量过多，有的还因亚马逊而倒闭，相较而言，门店空间充足，费用也相对低廉。
- 顾客能在门店里触摸、试用并感受产品，获得结账后能立马带回家的满足感。

新兴电商品牌面临的挑战

不论你是潜在的电商优先品牌，还是与一家或多家老牌大企业竞争的品牌，都需要应对下列挑战。

第一，**找到或创建一个细分品类**。你需要深入了解所在市场和新兴技术，有时还需要"灵光一现"。有时机会就在眼前，比如验光的费用太高，或者商店出售的剃须刀片太贵。

第二，**建立品牌信誉**，以实质性内容进行支撑，不仅要始终努力兑现承诺，还要讲述公司为何能赢得顾客的信任，同时应对顾客"不购买"的理由（如运费和"试用"的顾虑）。

第三，通过幽默诙谐这样具有突破性的沟通方式来**吸引顾客的注意力**。例如，埃韦兰斯就发布过一张图，列出 T 恤在 6 个生产阶段的成本，这张图在社交平台汤博乐（Tumblr）上获得了 1.7 万条评论。再如，一美元剃须俱乐部的视频由于非常幽默而被人们疯传。

第四，与顾客**建立联系**，不要局限于功能性利益，还可以是异想天开的幽默（如一美元剃须俱乐部）、更高的目标（如沃比·帕克），或者令人钦佩的品牌愿景（如埃韦兰斯价格透明）。重要的是，它必须和顾客联系起来。

第五，**取消金牌会员制度**及其免费送货服务，因为竞争对手也可能推出类似的会员制度（如无品牌），或者为一定规模的订单提供免费送货，甚至将成本和派送时间透明化都可能达到类似的效果。尽管如此，完全忽视金牌会员的吸引力也是不明智的做法。

第 五 章

数字化颠覆：物联网

> "不是强者生存，也不是智者生存，而是适者生存。"
>
> ——查尔斯·达尔文（Charles Darwin）

凯文·阿什顿（Kevin Ashton）是麻省理工学院（MIT）智库的联合创始人，也是早期将无线射频识别技术（RFIT）应用于物流系统（即将芯片置于集装箱上，能追踪集装箱在供应链中的移动）的先驱之一。他早在1999年就提出了"物联网"（IoT）的概念，并指出20世纪的计算机是"没有感官的大脑"，只会按人们的吩咐行事。然而，在21世纪，物联网技术能通过射频识别设备和各类传感器把物品与互联网连接起来，这样的话，计算机就能自己感知事物，它们会变得更"聪明"。

物联网提供了一种运行机制，打开了大量颠覆性细分品类的潜力之门。物联网给许多行业带来了新产品，或者显著优化了现有的产品。这些产品变得智能了，它们配备了传感器和微处理器，通过互联网与人、中央系统和其他产品相连。这都多亏了通信网络、云计算，以及数据分析和机器学习相关的软件。

物联网始于传感器，这种装置会连续地提供原始数据，通过软件进行分析，实现控制并优化决策的制定和活动的进行。传感器可测量或计算温度、湿度、光照强度、气压、位置、液位、血压、心率、步数和运动时间，感知移动、位置、烟雾和火灾，判断开关是否打开，汽车或指示牌等物体是否存在，是否存在化学物质等。传感器可置于地下、空中，以及人或物之上。

很难相信这些传感器和嵌入式微处理器在这么短的时间里产生如此大的影响。有人认为第一台物联网设备出现在1989年，是软件开发先驱约翰·罗姆基（John Romkey）设计的一台烤面包机，他可以通过网络开关烤面包机。还有一些人认为，物联网的真正诞生，是在2008年或2009年，那时连接到互联网的"物"的数量超过了"人"的数量。截至2019年，有超过2.6万家初创公司依托物联网（将其作为主要技术之一），推出新产品和新服务，支持基于平台的商业模式。这些初创公司获得了超过 160 亿美元的融资（大部分是 2008 年之后）。

过去 20 年里，技术的发展令人叹为观止：微处理器和传感器变得更小、更强大、更便宜；软件技术取得了明显的进步；互联网技术得到了加强，变得更加普及；机器学习的概念（人工智能的细分领域），也取得了全方位的迅猛发展；"大"数据的存储、传输和处理变得更加可行，这要归功于计算机和云技术的进步。不久之前，这些根本"不可能"，现在却成了"可能"。

为了说明近年来物联网及其支持技术的发展有多快，我们来看看以下数据。在美国，使用社交媒体的人数从 2005 年的 5% 上升到 2010 年的 48%，再到 2019 年的 69%；互联网的使用人数从 2000 年的 52% 猛增到 2010 年的 77%，再到 2019 年的 90%；家庭宽带（高速）互联网的安装率从 2000 年的 1% 增加到 2010 年的 63%，再到 2019 年的 92%；2007年 iPhone 面世，但花了几年时间才流行起来，到 2019 年，81% 的美国成年人都拥有了智能手机。正如数据显示的，许多物联网的相关技术在过去 10 年里取得了大规模的发展。

以智能语音助手 Alexa、互联网汽车和新零售体验为例，我们来看看物联网已经实现的"潜力"。

智能语音助手 Alexa

智能语音助手 Alexa 可以说是最成功、最具文化影响力的物联网产品。这款虚拟助手由亚马逊开发，于 2014 年首次推出，是亚马逊智能音箱 Echo 的"发言人"。语音识别技术不断成熟，亚马逊先于谷歌和苹果公司推出这类产品从而获得了先发优势，以及顾客能通过亚马逊方便地购买，这些都促成了 Alexa 的蓬勃发展。到 2018 年，Echo 在美国市场的销量超过了 3000 万台，数量为竞争对手谷歌家庭（Google Home）的两倍多，创造了惊人的销量增长纪录。

Alexa 是帮助智能音箱 Echo "发声"的语音助手，由此可见，某细分品类的产品不仅可以通过吸引顾客来刺激销量的增长，还可以稳步扩展工具的功能范围，包括语音交互、音乐播放、计时器、制定待办清单、设定闹铃、播放流媒体、播放有声书，以及提供天气、交通、体育或其他实时消息。

用户还可以安装第三方附加功能，获得其他的"Alexa 技能"（Alexa Skills）。有的应用程序可以通过 Echo 操控物件，如激活烤箱，给前门解锁；有的可以订购外卖、星巴克咖啡或其他亚马逊商品；还有的能回答问题，例如："Alexa，去股票应用（Open Bell）查查亚马逊的股价是多少！""Alexa，去最佳食谱（Best Recipe）搜搜晚饭吃什么！""Alexa，打开 7 分钟锻炼。"比如，你让 Alexa "打开猜歌名（Song Quiz）"，它就会唤醒一款热门游戏，然后你可以指定年代或歌曲类型，Alexa 会给你播放一个音乐片段，让你来猜这首歌的名字。有的应用程序（如股票应用和最佳食谱）与某些品牌相关，或者得到了品牌赞助，有的还提供更高级的订阅服务。2019 年，Alexa 拥有超过 7 万项"技能"，虽然与苹果上的应用程序的数量相比仍有很大差距，但是它们功能相似，即让核心服务变得更普及、更有价值。

Alexa 还开启了一种新的生活方式，不仅是 Echo 和其他智能音箱的助手，而是成为占主导地位的虚拟助手。现在，人们可以在许多产品中看到 Alexa 的身影，包括智能汽车、门铃和钥匙扣等。例如，2018 年以来，莱纳房产公司（Lennar Corp）为新建的数万套住宅安装了 Alexa；2019 年以来，宝马和大众的所有车型以及福特和雷克萨斯的部分车型都配备了 Alexa；2019 年，出售的 1 亿台设备中就有 150 台搭载了 Alexa 系统。

和物联网的许多应用产品一样，Alexa 也面临着安全和隐私问题，比如有人不愿意让 Alexa 听到并记住私人对话。亚马逊解决了部分问题：首先，只有当用户说出"Alexa"这个单词（或者其他预先设定的声音，如玻璃破碎声），Alexa 才会开始录音；此外，用户可以查看录音资料，删除部分或全部录音，也可以通过语音命令执行此操作。如果不出现意外（如黑客改变了 Alexa 系统），上述策略还是很让人放心的，关键是防止意外的发生。

互联网汽车

这类"数字化连接"已经塑造了汽车领域的许多颠覆性细分品类，我们能从历史中看到它的发展历程。

1948 年，盲人自动化工程师拉尔夫·蒂托（Ralph Teetor）发明了汽车的**巡航控制技术**，虽然它还谈不上数字化，但是揭示了几十年后汽车领域会迎来的改变。拉尔夫的发明灵感源于自己和律师共乘一车的经历：律师说话时会加快车速，不说话时则会放慢车速。1958 年，巡航控制系统首次出现在克莱斯勒的车型中，两年后出现在凯迪拉克（Cadillac）的系列汽车上。这两个汽车品牌都展示了真正重要的先进技术，也因此受益。

通用汽车推出的安吉星（OnStar）是一项订阅服务，司机能通过该系统向真人寻求帮助和指示。1997 年，安吉星首次亮相，最初只有凯迪拉克安装，后来扩展到通用汽车旗下的所有汽车品牌。安吉星由几家公司联合开发，包括提供软件的电子数据系统公司（Electronic Data

Systems），以及提供通信和卫星支持的休斯电子公司（Hughes Electronics Corp）。随着时间的推移，安吉星逐渐增加了其他功能，如减速、停车、找回被盗车辆、远程诊断、安全气囊激活感应，以及语音激活网络。在十多年的时间里，安吉星成了通用汽车决定性的"必备要素"，如今仍在繁杂的市场中发挥着重要作用。安吉星和通用汽车的品牌建设是提高品牌有效性的关键。例如，它们拍摄了一系列广告：蝙蝠侠开着蝙蝠车执行任务，同时与安吉星互动，既展示了安吉星的功能，又增加了它的知名度；2017 年，在墨西哥拍摄的广告以安全为主题，其经典台词"放松点，你有安吉星呢"取得了极佳的效果。

2003 年，丰田的普锐斯混合动力车型推出了**泊车辅助系统**（Park Assist），该系统可辅助司机进行侧方停车。三年后，雷克萨斯 LS 轿车也增加了类似的系统。可以看出，人们向自动驾驶汽车迈出了一大步，引起了很大的市场反响。

同样在 2003 年，丰田在雷克萨斯 LS430 中引入了**预碰撞安全系统**（PCS），它可以自动调节汽车的一系列安全系统，提高制动能力。多年来，这项"必备要素"一直在改进。例如，几年后，公司在方向盘上安装了摄像头，用于判断驾驶员的注意力是否集中。该系统为雷克萨斯的高端形象和丰田的技术美誉提供实质性内容。2017 年，雷克萨斯销售了140 万辆搭载了碰撞预警功能的汽车（现在增加了其他功能），数量在所有品牌中排名第一，占其汽车销售总量的 56%。

还有许多数字化先进技术改变了汽车行业的面貌。远程解锁车门和启动发动机，开车时通过互联网购物，遵纪守法的"好司机"可享受保险折扣等，这些都已变为现实。互联网汽车市场规模在 2017 年为 700 亿美元，预计 2025 年将达到 2200 亿美元。当前，汽车品牌面临的挑战是：如何通过先发优势、品牌化策略或经包装的更大的概念，来具备一系列优势。

特斯拉

特斯拉 2008 年推出其第一款汽车，创建了一个颠覆性细分品类，这很大程度要归功于其数字化特点。特斯拉于 2010 年获得 20 亿美元的市场估值，2018 年推出新款汽车后，该估值增加到惊人的 600 亿美元，在财务上取得巨大成功。特斯拉的故事是很有启发性的。

特斯拉汽车公司成立于 2003 年，以电机工程学先驱尼古拉·特斯拉（Nikola Tesla）的名字命名，公司的目标是制造一款高性能的电动跑车。2006 年 8 月 2 日，即第一辆特斯拉汽车上市的两年前，埃隆·马斯克——PayPal 创始人，也是特斯拉的资助人（即将成为其首席执行官），讲述了特斯拉销量持续增长的"秘密"。他指出，在电动跑车之后，很快就会推出高端轿车（Model S，2012 年推出），之后还会推出价格更实惠的轿车（Model 3，2019 年推出）。

逐渐地，特斯拉又增加了带鹰翼门纯电动的中大型 SUV（Model X，2015 年上市）和紧凑型跨界车（Model Y，2020 年上市），开发了超级充电系统（2012 年推出，截至 2019 年，共有超过 1.2 万台特斯拉汽车安装了该系统）和为汽车充电的太阳能电池板（2016 年推出），该公司还建设了特斯拉内华达州超级工厂，来生产成本更低、适用性更高的电池组（2016 年开始生产）。这一切都是为了实现更高的环保目标，即减少使用化石燃料能源，生产不排放有害尾气的汽车。马斯克甚至承诺，如果能进一步深化该目标，他愿意和竞争对手分享公司的技术机密。

特斯拉的全电动车型 Model S（混合动力版被否决了）设计独特，很吸引人，从最大程度上表达了支持环保的态度。以轿车的标准而言，特斯拉 Model S 的操控性和加速性能让汽车专家惊叹不已；其续航里程（这是人们密切关注的数据之一）根据电池组的配置，可高达 285 英里。顾客可在家或在汽车展厅，通过网络配置并购买汽车，过程透明，几乎不存在强行推销的问题。

特斯拉成功的关键在于数字化元素。所有汽车都有一定的数字化配件，但特斯拉将其推到了一个新的高度。中央控制台设有**超大的 17 英寸触摸屏**，用户不必眯眼就能看清上面的内容，它能提供娱乐、导航和通信等先进体验，而且均可通过语音操控。此外，特斯拉还有两个重要的数字化元素：自动驾驶功能和软件空中升级（OTA）技术。

2014 年 10 月，特斯拉高调地在 Model S 上推出了**自动驾驶功能**（Autopilot），配备了先进的传感器、摄像头和雷达装置，可实现半自动驾驶（可简单理解为巡航控制加转向控制功能）和自动泊车。2016 年，为了改善能见度低时的导航效果，特斯拉采用了新的雷达、传感器和计算硬件，还增加了其他自动驾驶功能，比如自动驶入 / 驶出高速公路匝道（NOA）和增强型召唤功能（把车从车库或狭小停车位"召唤出来"）。

特斯拉的**软件空中升级**技术每年都会对系统进行几次更新，来增加新功能并优化现有功能，让司机有更好的体验，而不必去找经销商或者再买一辆车。例如，特斯拉在 2017 年进行了一次更新，2016 年生产的汽车也可享受更新后的功能：高达 90 英里 / 小时的辅助转向、自适应巡航控制（ACC）、盲点监测、自动紧急制动和自动变道。该系统还会对汽车实行监控，提醒驾驶员注意潜在的维修问题。

特斯拉车主俱乐部（Tesla Owners Club）有超过 50 个分俱乐部。俱乐部网站上会发布用户对特斯拉的体验和评论（包括数字化功能），很多读者都喜欢这些内容，觉得它们既实用又有趣。每款特斯拉车型都设有论坛，你可以了解每年为期三天的特斯拉车主大会，并注册参加。该品牌社区提供了一种看得见的方式，人们可以互相交流，获得实用信息和建议，从社交和个人层面与特斯拉品牌建立联系。第六章将讨论更多关于品牌社区的内容。

我们可以从特斯拉的案例中总结出以下经验：

- 特斯拉拥有了几个领先的"必备要素"，使其可信度和知名度更高。
- 特斯拉一直在改进上述领先的领域，同时进行了创新。因此，特斯拉总能给人们带来新的东西，基本没给竞争对手留下复制的可能。
- 特斯拉具备一系列能力和先进技术，以及实现这些能力和技术的企业愿景和文化。因此，传统汽车公司中一般不会出现特斯拉这样的品牌，即便它有此意愿，也不太可能会实现。
- 特斯拉的品牌社区使其核心顾客群成了公司的重要资产。

自动驾驶汽车

自动驾驶汽车（Self-Driving Car）是终极目标。2009 年年初，谷歌启动了一项引人注目的自动驾驶汽车计划；2014 年，谷歌推出一款无人驾驶原型车，它没有方向盘、油门踏板和刹车踏板——完全自动化；2017 年，谷歌的自动驾驶汽车部门被命名为 Waymo[⊖]。该部门在亚利桑那州凤凰城（Phoenix）等地，对配备了 Waymo 的汽车和大型卡车进行了长期的各类测试和改进，并取得了成效。

自动驾驶汽车已经问世一段时间了，但仍局限于受控实验。有人担心，如果有外人侵入汽车系统并控制了车辆，该怎么办？这种担心不无道理，因为不可能存在万无一失的系统。还有人担心，如果出了交通事故，但是肇事的一方（汽车系统）并不真实存在，那又怎么办？

最大的问题是，人们现在是以"不出事故"为标准来衡量自动驾驶

⊖ Waymo 为"A new way forward in mobility"（未来新的机动方式）的字母缩写。——译者注

技术的，而并未考虑到现有的司机数量，该标准缺乏逻辑，但也反映出人们害怕可能失控的全新事物——回想一下，之前人们也害怕在网上使用自己的信用卡信息。此外，有的人不愿意交出象征着"自主驾车"的方向盘，有的人对从事司机职业的人们感到同情，这些都可能阻止自动驾驶汽车在普通交通情况下的应用。"还没有准备好"可能只是一个借口，用来阻止人们匆匆进入未知的领域。不论是哪种情况，自动驾驶技术都需要进一步完善，人们需要耐心等待，这样才能最终迎来自动驾驶汽车完胜的必然时刻。

当那一刻到来时，谁会赢呢？谁将创建、拥有（或主导）并经营该颠覆性细分品类呢？谁会给竞争对手设置壁垒呢？这家公司应该创建了不可抗拒的"必备要素"，并让顾客没有"不购买的理由"。

新零售体验

零售体验中总会有烦人的等待（如客服和结账），不过数字化发展和物联网技术可以解决这一问题。

亚马逊无人便利店

2016 年 1 月，亚马逊无人便利店（Amazon Go）首次在西雅图推出，这是一家"即拿即走，免排队"的零售店。亚马逊无人便利店有几种形式，其中最常见的形式和便利店类似。顾客入店通过旋转闸门时会被程序识别，入店后可自行购物，摄像头会识别他们从货架上拣选的商品，并自动添加到电子购物车中；顾客购物完毕后可直接离开商店，通过亚马逊账户付款。该系统的成功运行要归功于一系列技术支持，包括特殊的商品包装、精心设计的商品布局、货架重量传感器、监控购物行程的摄像头、金牌会员基础以及"拿了就走"（Just Walk Out，即无现金商店技术）的先进技术。数据流可支持库存控制，并向顾客推荐产品。要想模仿和复制这些操作可不是易事。

鉴于亚马逊无人便利店的复杂体系、高昂成本以及对人力后勤保障的需求，目前尚不清楚这是否会成为一种有利可图且可扩展的商业模式。但不管怎样，亚马逊在物联网技术和顾客体验方面获得了经验，也许有助于公司发展其他零售概念，比如图书零售和全食超市连锁。同时，其他零售商也在尝试免排队、免结账的便利系统，但这并不容易，花费也不小，所以早期赢家的优势应该会持续一段时间。

盒马鲜生

阿里巴巴推出了"盒马鲜生"（Hema）超市。顾客使用盒马 App 扫描商品，就能看到它的价格、在店里存放的时间和生产地，结算时需通过支付宝付款。顾客若选择外卖，盒马员工会选好物品并配送（距离 4 公里以内，30 分钟送货上门）。顾客若购买海鲜区的商品，店家提供烹饪服务。顾客可以通过该 App 或面部识别系统进行结账。

盒马鲜生还设有可容纳 100 人的餐厅，顾客可通过盒马 App 预订餐桌、点餐和付款，食物将由机器人配送。桌面上有一台平板电脑，顾客可用来娱乐，也可呼叫服务员（这项功能一般用不到）。

星巴克

星巴克的数字化体验是业内模范，被高德纳咨询公司（Gartner）评为 2017 年和 2018 年全球排名第一的数字化餐厅。星巴克的数字化变革始于 2001 年推出的礼品卡活动。2008 年，又推出了"星享俱乐部"（My

Starbucks Rewards）顾客忠诚度计划，为达到条件的顾客提供免费饮品和"积星享好礼"福利，如金星级会员（Gold Card members）可享受 9 折购买优惠等，该活动广受欢迎，约有 2 亿顾客参与。2014 年，星巴克推出移动下单及支付系统，顾客可提前点单，避免排队等候——这项设计揭示了系统性能的重要性：订单需要准确地进行提前处理，让顾客到店就能取走商品，否则顾客可能会感到失望。虽然这算不上巨大的成功，但是对于星巴克和其他零售商来说，它们充分利用了线上下单服务，因而在相关竞争中占据了优势。

除了功能性优势和个性化商品外，星享俱乐部给顾客一种"自己人"的感觉，顾客也成为星巴克家族的一部分。这种数字化联系还能用于宣传和推广新产品，如星巴克烘焙工坊店（Starbucks Roastery）、星巴克臻选（Starbucks Reserve）和星巴克茶瓦纳（Teavana Tea）等。

无处不在的物联网

从上述案例中可看出，物联网可以对经济产生广泛的影响。下列案例进一步揭示了物联网热潮的普遍程度，及其创造颠覆性细分品类的能力。

智能家居

物联网改变了家庭安全。有了传感器和数字视频，房主可通过移动设备对房屋进行远程监控（看到进入或接近房屋的人），还可以远程开门。

智慧酒店

酒店可为顾客提供更多的安全和便利。顾客可通过手机直接进入房间，甚至不用办理入住手续。酒店还可通过手机应用程序（而非前台工作人员）引导客人前往空余的停车位，或者处理房间设施方面的需求。

智能可穿戴设备

用户可以在服装或眼镜上安装类似于 Alexa 的产品，随时通过对话获得信息或帮助。智能手表或手环还能安排训练、监控进度并记录结果。

智慧医疗

智慧医疗技术正在革新医疗健康领域。存在健康风险的患者（年龄较大或身体状况不好）可通过该技术监测关键的身体数据，系统识别到危险信号后，警报器会提醒该患者或其护理者。在一些情况下，物联网设备甚至可以自主行动，如配药和呼叫援助。此外，监测也可成为诊断的一部分，例如，对间歇性出现心脏问题的病人而言，智慧医疗技术可持续监测病人的情况，在其发病时及时进行诊断。

智慧城市

在智慧城市中，带有传感器的电网可优化系统，提高能源利用效率；交通传感器可监控交通生成的数据，一段时间后，这些数据就可用于单行道的规划和控制交通流量的程序。

智慧农业

智慧农业技术可通过地面和空中传感器获得相关变量（如种子、肥料、土壤和天气）的历史数据，这些数据为农业预测提供了信息。不仅如此，智慧农业还能根据具体情况进行个性化管理，针对某块农田设计最佳的管理方式，包括灌溉、播种和施肥等。

智能制造

智能制造可通过传感器跟踪零件及其运行状况。物联网设施可监控输出质量，软件可对反复出现的问题进行诊断。

智能 B2B[⊖]产品

罗尔斯－罗伊斯公司（Rolls-Royce）向购买其喷气发动机的公司提供客户服务，通过传感器和机器学习软件，罗尔斯－罗伊斯公司可优化客户的燃油效率和零件更换。马士基（Maersk）的集装箱吞吐量占世界的18%，该公司安装了专门的系统，用于监测集装箱的温度（尤其是新鲜农产品和其他对环境温度有要求的货物）。

智慧能源

瑞士电力和自动化技术公司 ABB 的智能电网技术能分析大量实时数据，优化电能的生产和分配。

物联网的力量

物联网有着强大的能力，可给人们带来下列价值。

监控产品的性能及使用情况。迪堡公司（Diebold）可以监控其生产的自动取款机，识别早期的故障迹象，进而远程或现场进行维修处理；美敦力公司（Medtronic）的数字血糖仪能提醒患者和医生及时采取干预措施；百保力（Babolat）是一家有着 140 年历史的公司，主要生产网球拍

⊖　B2B 是 Business-to-Business 的缩写，指企业之间通过互联网进行产品、服务及信息的交易。

和相关器材，现在出售的百保力智能球拍（Babolat Play Racket）可监控使用者的发球速度和上旋等数据，帮助使用者改进球技。

控制产品。用户可远程调节飞利浦智能灯 Phillips Hue 的灯光，在紧急情况下还能发出闪烁的红光；搜诺思（Sonos）和声破天可控制流媒体音乐的播放；采矿设备制造商久益环球公司（Joy Mining）会监控井下的运行条件和安全参数，并据此对设备进行调整。

优化性能。风力涡轮发电机可根据不同的条件，调整涡轮机的旋转，实现性能的优化；迅达集团（Schindlers）的个性化智能服务终端（PORT）技术，能提供个性化的电梯服务和乘坐控制，优化建筑物内的交通流量，还通过预测电梯的需求模式，将等电梯的时间减少了 50% 之多。

产品自动化。扫地机器人伦巴（Roomba）能自主了解环境，诊断服务需求，主动适应用户的偏好；自动驾驶汽车可实现驾驶功能的自动化；液体压力测量系统在监测到压力过大时，可自主关闭阀门。

物联网的商业机会

要想在物联网领域取得成功，需要做好以下两点。

一是技术。创新者要了解相关、邻近或支持技术的范围和潜力，考虑到各种可能性。此外，他们还要能切实调整这些技术，以解决顾客的问题。

二是用户体验。公司要创建"必备要素"，先要了解顾客在购买和使用产品时遇到了什么问题和烦恼（有时顾客自己都没有意识到）。另外，创新型企业要有渠道进入顾客市场，包括宣传新的"必备要素"，以及消除顾客"不购买的理由"。

还存在一个范围问题。公司常常会运用其创造力，来开展一项技术或改进一系列用户体验，但这些技术和体验常常是独立的个体，并未被视作一个更大的整体，而且人们往往会把注意力放在已经做过的事情上。正如著名建筑师伊莱尔·沙里宁（Eliel Saarinen）所说："设计一个东西要把它置于一个更大的背景中来思考——房间中的椅子、屋子中的房间、环境中的屋子、城市规划中的环境。"

第六章将讨论数字化革命影响创新，以及创造和拥有颠覆性细分品类的三种方式：讲故事、创建社区和个性化发展。

利用数字传播力构建忠诚度：
故事、社区与个性化

"内容是火，社交媒体就是汽油。"

——杰伊·贝尔（Jay Baer）
社交媒体的思想领袖

"听到的我会忘记，教我的我只会记着，只有实践才能出真知。"

——本杰明·富兰克林（Benjamin Franklin）

"个性化已经不再是一种趋势，它已经演变成一场营销海啸。"

——阿维·丹（Avi Dan）
广告总监

数字化能如何帮助新的颠覆性细分品类（任何新的细分品类，包括非数字化驱动的那部分）发展、增长并建立起忠实的顾客群呢？其实，在数字时代，数字化工具几乎无处不在。本章将介绍其中三个尤为强大的工具，它们对所有新细分品类的成功都起到了关键作用。

第一，以数字化形式进行传播和讲故事。数字传播能让品牌扩大其细分品类的顾客群规模，不再受限于地理和人口统计，媒体预算也显得更宽裕。即使企业预算较少，也能让品牌的战略信息得到迅速传播。不仅如此，数字化能以背景故事的形式（这在媒体宣传中较少见），提供有关品牌的专属信息。

第二，创建在线品牌社区，使其成为忠实（或高度忠诚）的核心顾客群。当顾客加入一个社区后，会参与社交活动，进行自我表达——这可以成为颠覆性细分品类的一部分。

第三，以数字化的形式量身定制沟通、交易方式和 / 或用户体验，在顾客和标杆品牌之间建立个性化的联系。于是，顾客成了同行的伙伴、认可的朋友、珍贵的同事以及团队的一员。顾客是品牌的一部分，他们不仅仅是一个数字或者茫茫人海中的一员。他们相信这个品牌背后的团队知道什么重要，并在乎顾客的感受，证据就是品牌会对产品和沟通方式进行个性化的调整，一切都只为了你。

数字传播：讲故事，产生影响力，建立亲密度

曾经，公司必须通过媒体才能与受众进行沟通，如印刷品、广播或活动宣传。对于许多公司而言（其中不乏财力雄厚却节约开支的大公司），这些方式十分昂贵，让人望而却步，也扼杀了许多潜力巨大的想法。但

是这种情况不会再出现了。正如电商为品牌提供了接触顾客的零售渠道一样，各种各样的数字媒体（包括网站、电子邮件、YouTube 以及其他社交媒体）也为公司提供了成本极低的传播渠道。数字化工具能给故事添加更多的细节（如长视频），进而找到突破口，传递信息，提高影响力。

数字技术可以强化传播，一部分原因在于信息可以被分享。受众只需点击按钮，就能把信息传递给数十、数千甚至数百万人。"分享的力量"（术语为"口碑"）最早由伊莱休·卡茨（Elihu Katz）和保罗·拉扎斯菲尔德（Paul Lazarsfeld）于 1955 年提出，并在经典著作《人际影响》（*Personal Influence*）中进行了研究证明。他们指出，人们相信信息的分享者，因为他通常不会带有偏见，还有着亲身体验。

"动机研究之父"欧内斯特·迪希特（Ernest Dichter）在早期解释了人们分享信息的原因：其一是"自我参与"，通过这种方式来获得关注，展现自己的鉴赏力或优越感，对自我判断进行确认，觉得自己成了先锋人物，得到了内幕，或者为自我表达创造机会；其二是"他人参与"，通过提供有用信息、情感故事或简单的娱乐，真诚地帮助他人。了解人们分享的原因，能帮助我们思考激发分享的其他方式。

数字传播对大多数颠覆性细分品类的成功至关重要，因为需要战略性传播的不仅是新细分品类的存在，还有"必备要素"的存在及其价值，给顾客一个忠于品牌的理由。不仅如此，品牌还需迅速进行数字传播，以扩大顾客群，给竞争对手设置壁垒。对所有渴望创建并拥有新细分品类的品牌来说，都是如此，尤其是基于数字化或数字化驱动的品类，因为在该领域，"迅速"意味着要"快如闪电"。

当然，世上没有免费的午餐。数字传播并不是简单地描述你的绝妙想法，然后通过网站和社交媒体发布——这可不仅仅是在方框里打钩那么容易。有时会出现非常新颖、有趣且相关的产品，运气好的话，它们会自己进入人们的眼帘。当这样的机会出现时，挑战在于如何尽可能启用更多的数字化工具，充分利用其新闻价值，让该产品风靡市场。不过，虽然我们怀揣这样的希望和梦想，但是很少会如愿以偿。

结果往往是这样的：即使你坚信自己发现了极具新闻价值的产品，人们也不会对你的细分品类或标杆品牌感兴趣，不会对"必备要素"的描述或事实感兴趣。此外，市场上满是嘈杂的媒体、过载的信息以及"自控力强"的受众。大部分人听到新产品或新服务时，应对策略很简单，就是无视它。就算该传播策略成功地获得了人们的关注，面对被"推销"的新产品、新服务或新品牌，他们也会持怀疑态度，抗拒甚至反驳，不相信相关事实、假设和逻辑。

选取标签故事

选取标签故事，通过讲述引人入胜的"从前"的事情，厘清线索，传递战略信息。标签故事不是对产品、"必备要素"或公司计划的描述，不是一系列的事实，而是能让你沉浸其中的叙述。人们情不自禁地想要分享这样的故事，因此它能脱颖而出。标签故事能给产品的"必备要素"带来知名度、可信度甚至情感维度。

不幸的是，人们通常会忽视、迅速遗忘或者怀疑描述性的材料和事实。但是，当我们用故事讲述同样的内容时，这种关于"从前"的叙述就能改变一切。数十项实证研究惊人地显示，与描述性事实相比，故事能更好地吸引人们的注意力，留下深刻印象，影响其看法，转变其态度，使其受到启发和激励，并且影响受众的程度不只是20%或30%，而是高达200%～300%。从某种意义上说，引人入胜且参与感强的标签故事之所以能成功，是因为它们吸引了人们的注意力，人们也不用太较真。说到底，这只是一个故事，何必太认真呢？

此处讨论的标签故事也能提高用户对细分品类和标杆品牌的忠诚度，加深公司与忠实顾客之间的关系。请回想一下对你来说重要的关系，几乎都有背景故事，它们让你更加了解对方，包括他为什么会有这样的价值观、观点和行为，也许还能帮助你洞察对方的情绪，这些都是亲密关系的基础。与纯粹的交易相比，公司通过讲述一系列故事，能提升一定的顾客亲密度，进而为顾客与细分品类和标杆品牌建立更丰富且更坚实的联系。故事能增强品牌质感，增添实质性内容，加强与受众的联系。

标签故事有许多类型，来源也不尽相同，但它们都是叙述（而非事实或描述），并传达了战略性信息。标签故事通常是有趣或幽默的，具有新闻价值，与情感相关，与分享激情相关，或者能制造紧张氛围，让受众好奇"他们该如何应对"——标签故事极具吸引力，能脱颖而出。

下文列举了一些标签故事，它们都传达出"必备要素"的信息，对顾客和员工（他们必须实现其中的许多"必备要素"）产生了一定影响。这些故事会立即产生效果，随着时间的推移，这些故事也会重新被人们想起，被人们讲述。在阅读下面的案例时，请思考这些故事如何影响了品牌关系——不仅通过战略性信息，还通过某种亲密关系；再想想数字媒体（从网站到 YouTube）如何让故事变得生动了起来。

首席执行官愿景的故事。公司创始人的故事可以传达公司愿景，进而推动细分品类的创建。例如，易集创始人的动力来自对手工艺品和手工艺者的热情，他们需要一个电商平台来展示和销售手工艺品，因此，可以把易集早期的情况用故事的形式讲述出来，展现上述个人联系的价值。

愿景故事也可以讲述首席执行官如何把公司引领到了新的方向。正如 T-Mobile 公司的首席执行官所述，公司的"去运营商化"战略（参见第二章）取消了既讨厌又复杂的两年合同和使用限制，焕新了移动服务。

这项战略同时激励了顾客和员工，还包含了几项大胆的公司决策。

海尔集团首席执行官张瑞敏的故事也十分扣人心弦。1984年，张瑞敏临危受命，担任当时十分棘手的青岛电冰箱总厂（后来更名为"海尔"）厂长。有一次，一位顾客拿来一台故障冰箱，张瑞敏打算给他换一台，但是两人翻遍了仓库里的400台冰箱，发现其中近20%的冰箱（76台）质量不合格。于是，张瑞敏立刻将这76台有缺陷的冰箱在厂房内一字排开，让员工用大锤销毁它们。自那天起，海尔开始专注于产品质量和创新，海尔冰箱在中国成了新的颠覆性细分品类。2009年，海尔成为世界上最大的家电制造商之一，而这个故事在其中起到了重要的作用。

员工的故事。先来看看诺德斯特龙百货公司一名员工的"真实"故事。在阿拉斯加州的费尔班克斯市（Fairbanks），诺德斯特龙百货公司的一名员工依据公司的退款保证和员工授权，向一名顾客退还了两个已磨损轮胎的费用（诺德斯特龙从未销售过轮胎，但一家轮胎销售企业使用过该大楼）。美捷步（Zappos）也有一个著名的故事，一位顾客在凌晨3点突然想吃比萨，美捷步的员工帮他找到了三家仍在营业的比萨店。在联邦快递（UPS），一名员工租用了一架直升机，亲自修好了通信塔上的故障，成为一段佳话。这些故事都生动地描述了以"顾客至上"和"员工授权"为核心的"必备要素"，而该"必备要素"对相关细分品类的创建发挥了决定性作用。

有情感联系的**顾客的故事**。在故事中塑造一个角色，并让顾客对其深入了解，直至产生共鸣，通过这种方式来培养情感。故事的听众会对该角色感同身受，进而感到自豪、备受鼓舞、快乐、悲伤或恐惧等。

巴克莱银行（Barclays）推出了一项名为"数字鹰"（Digital Eagle）的项目，旨在为客户提供数字化支持。巴克莱有一个和史蒂夫·里奇（Steve Rich）有关的故事。史蒂夫是一个身残志坚的人，喜欢玩"步行足球"（walking soccer），最终他实现了自己的愿望，站在了球场上。在"数字鹰"的帮助下，史蒂夫建起了网站，用于组织步行足球队，甚至还举办了全国锦标赛。通过这个故事，你会了解史蒂夫、他的妻子和伙伴是怎样的人，也会知道史蒂夫的事业为他的生活带来了哪些变化。史蒂夫的故事和"数字鹰"其他客户的故事都充满了情感，帮助巴克莱抒写了自己的故事，从而创建了新的细分品类——通过分享专业知识来改善社区的银行。当时，银行是最不受人信任的行业，巴克莱又是其中最不受信任的品牌，但是之后，人们对巴克莱的信任度大幅提升。

　　一些顾客故事中的产品可被称为"英雄"。莎拉来自美国印第安纳州，佩奇来自新西兰，她们出生时都只有半截左臂。当她们还很小的时候，她们的母亲就想让她们成为朋友，但是两人相隔太远，要怎么联系呢？解决方法是：两个孩子每天通过即时通讯软件 Skype 交流，分享彼此的生活，她们建立了深厚的友谊，之后她们终于在纽约见了面。莎拉和佩奇的故事获得 4200 万多次浏览量，在媒体上被提及 3000 多次，还上了《凯蒂·柯丽克脱口秀》（Katie Couric Show）节目。这个故事以及其他更多故事讲述的都是"必备要素"，即 Skype 能让有创造力的人做出了不起的甚至改变人生的事情。

　　B2B 品牌有自己的案例研究故事，展示品牌如何深刻改变了公司的业务。如果这类故事有深度，讲述了遇到的挑战、严峻形势和风险，告诉人们故事主角是如何应对困难的，那么它们就能透彻地传递出品牌的核心理念。

　　多种多样的故事。对于引领颠覆性细分品类的品牌而言，少数强有力的标签故事可以成为该品牌的标志性资产。不过，在某些情况下，大量的故事能够带来广度和新鲜感。Skype 就有多个故事，讲述其服务以不同的方式给不同的人群带来了影响。此外，在品牌或品牌计划的激励下，每个顾客也可以讲述自己的故事。例如，虽然爱彼迎在网站上对所有体验都进行了介绍，但是人们更愿意分享个人所经历的故事，因为它比简介更具鲜活性，也更具相关性。

在线品牌社区

对某品牌的相关活动、目标或兴趣领域有共同的参与甚至热情，因而建立起联系的一群人，他们的线上表现或社交媒体工具成为人们关注的焦点，该群体构成了在线品牌社区。回想一下易集的在线买家社区和卖家社区，他们与彼此、与工艺、与易集及其应用程序联系在了一起，这种密切关系既强大又持久，成了易集的"必备要素"。人们渴望与他人建立联系，而品牌社区恰好能满足这种需求。

品牌社区其实一直都存在。哈雷车主会（H.O.G）虽然成立于1983年，但是在数字技术的帮助下，社区的力量和相关性从根本上得到了增强，会员不再受地域限制，人数也迅速增加——20世纪80年代初可没有这种数字化工具。现在，会员可通过网站上的电子杂志等资料，查找某地区或某国家的骑行信息，从而改善了骑行体验。此外，在线社区的影响力也会越来越大，因为社区组织者和会员之间的互动范围更广、程度更深、频率更高。哈雷车主会现有100多万会员，在全球100个国家中开设了1300个分会。该社区有活力、有凝聚力、参与度高，它设立了正式会员制，并与品牌有着明显的联系。

品牌社区如何提供价值

品牌社区可通过下列方式促进标杆品牌及其细分品类的发展。

建立或强化品牌关系。当标杆品牌出现在顾客重视的活动中时，它就能建立一种关系，并且这种关系无法通过宣传产品的功能性利益而获得。人们如果拥有共同的热情、目标，参与相同的活动，彼此间就会产生一种特殊的密切关系。同样，如果品牌和这类兴趣有关，它也会受到人们的高度关注。不仅如此，如果该品牌能成为人们的伙伴和贡献者积极参与其中，这种纽带就会更强大。

提高活力、知名度和参与度。这些都是品牌建设的关键要素，很难通过传统的媒体和方法实现。每当人们与社区进行互动时，品牌都会获得一些活力和知名度，因为发起互动的是用户，而非品牌。这类社区能成为展现个人认同的重要渠道。

获得成员和品牌合作伙伴的信任。对许多人来说，在线社区似乎由一群相互尊重和信任的朋友组成。因此，人们一般会认为从社区中获得的信息是公正、真实或无私的。此外，品牌也获得了人们的信任，因为它不再是销售商，而是我们中的一员。

让用户参与新产品的开发。社区成员可为新产品提供灵感，为现有产品提供改进意见，他们还能评估这些想法和建议，并在产品正式投放市场前进行试用。这为品牌团队提供了及时有用的信息，用户也能积极参与到社区建设之中。

社区的不同类型

社区的类型和规模不尽相同：

- **主动型社区或被动型社区**。在主动型社区中，成员之间、成员和社区组织者或业内专家之间有着积极的互动，大家会主动提问，进行评论并发表意见，表现出很高的参与度和活跃度。在被动型社区中，成员会在此获取信息，但不提供信息，甚至连问题都不问。尽管缺乏积极地参与，但是这类社区也能形成牢固的纽带，在没有互动的情况下，也能构建密切的关系。园林设备公司嘉丁拿（Gardena）就是一个很好的例子，该公司在线销售园艺工具，网站按照季节顺序，提供超过500条详尽的建议，是一个很有价值的必备资源库。尽管用户之间没有互动，他们仍然觉得自己属于一个有价值的群体，可以从中获取所需的参考信息。

- **正式会员制**或**注册制**的品牌社区。一些品牌社区会提示用户加入或注册，以获得最佳的参与感，并定期收到品牌资讯和活动信息，如贝蒂妙厨（Betty Crocker，注册后可定期收到菜品新创意和食谱）、易集、哈雷车主会。这种设计的确能巩固标杆品牌，然而，许多强大的公司会遇到这种情况：一些用户会被公司的使命和计划打动，受到极大的鼓舞，就算公司没有会员 / 注册制，他们也会被公司吸引。有时，如果公司控制或限制得太多，社区成员的积极性会被削弱。

- 要有**明显且紧密**或者**间接而微妙**的品牌联系。例如，"雅芳抗击乳腺癌之旅"（Avon Walk for Breast Cancer）项目下设一个雅芳社区。再如，家得宝与国际慈善组织仁人家园（Habitat for Humanity）合作，号召员工和客户一起支持退伍军人——虽然家得宝建立的品牌联系说不上家喻户晓，但参与其中的人能清晰地感受到相互之间的联系。

在线品牌社区可以聚焦于产品及其使用，或者共同的兴趣。该社区和品牌或产品相对独立，但又以某种方式联系在一起。

关注产品的品牌社区

"使用说明型"品牌社区会帮助成员了解产品的使用方法并解决他们的问题。例如，赛富时公司设立了开拓者社区（Trailblazer Community），希望通过公司的系列产品，不断寻找改进顾客体验的新方式，成为开拓者、创新者和终身学习者。社区成员可以加入各类兴趣小组，如健康（900名成员）、销售云（4.1万名成员）或管理员（2.7万名成员），他们可以尝试自己的想法，征询他人的建议，提出质疑，或者从他人（包括赛富时的专家）的想法中获益。同样，索尼旗下的PlayStation社区能让玩家专注于感兴趣的游戏，讨论游戏战术或使用问题，分享有趣的故事。

"生动的品牌体验型"社区会为成员提供印象深刻的使用体验，让用户感同身受，觉得"自己就在那里"。例如，GoPro公司就提供大量使用GoPro产品拍摄的视频，时长为1～3分钟，如骑车下陡坡或者做饭；Skype讲述了莎拉和佩奇的故事，这两位只有一只手臂的女孩通过Skype相连，也代表了一种生动的品牌体验。

"顾客创造型"社区则为顾客搭建了一个平台，成员可以创造性地使用产品。以乐高创意社区（LEGO Ideas）为例，成员能提出新的设计创意，给别人的设计留言，或者只是聊聊感兴趣的话题。公司还为核心用户提供了一个平台，能与喜欢乐高及其他产品的人们交流。据估计，在2018年，获得超过1万名支持者的乐高设计约有25项。公司会将最好的设计推向市场，设计者也能得到一定费用。乐高创意社区会推出不同的设计主题，来调动参与者的兴趣，如魔法世界的建筑、家庭欢乐时光或者未来的建筑机械等。乐高创意社区是一个社交平台，帮助乐高塑造了品牌，也改进了顾客体验。此外，还有一个乐高用户群网络Lugnet，它是一个国际性的乐高用户在线社区。该社区由全球的乐高爱好者组成，成员通过论坛、网站和服务联系在一起。不仅如此，还有针对 5 ～ 9 岁儿童的儿童乐高社区，每季度会发布《乐高生活杂志》（*LEGO Life Magazine*）。

"共享体验型"社区是成员共享实际品牌体验的社区。万豪度假环球公司（VAC）旗下的万豪假日俱乐部（Marriott Vacation Club）是其主要的分时度假品牌。该品牌在美国、加勒比海地区、欧洲和亚洲拥有 70 多家万豪假日俱乐部，客户数量超过 40 万。该公司设立的网站上有房屋的展示图和顾客上传的旅行照片。

"超越产品"的兴趣共享型社区

创建兴趣共享型社区的原因部分在于产品对顾客而言不具相关性，顾客的参与度不高，有时产品甚至还很无趣。因此，出现了兴趣共享型社区，目的是通过活动等吸引顾客，触及其自我认知，进而提高其参与度。虽然社区不会直接与产品关联，但它应该和品牌存在内在联系，而且主要由品牌的现有用户或潜在用户组成。

"顾客热情型"社区：丝芙兰美妆达人社区就属于这类社区，它于 2010 年推出，当时使用的名称是"美丽说"（BeautyTalk）。社区成员都对美妆等话题感兴趣，她们有机会提出问题，分享看法，对比产品，还有 42 个主题群组等待她们的加入，包括眼妆、护肤、时下潮流等，分享关于美的话题（如瞳孔颜色和皮肤类型）。网站上的图片和视频能鼓励用户尝试某种颜色或质感的产品。2016 年，该网站的平均月访问量超过了 100 万次。丝芙兰团队使用了 400 多个指标，追踪并分析网站数据，其中发现，社区核心重度用户的花费为丝芙兰普通用户的 10 倍以上，并且在社交媒体上有一定的影响力。

"活动型"社区：这是兴趣共享型社区的另外一种。例如，耐克＋跑步俱乐部（Nike+Run Club）等社区就为耐克公司的成功做出了贡献。这些社区将跑步与智能手机或苹果手表相连，为跑步训练提供指导和鼓励。其中，"我的教练"（My Coach）功能为用户提供了详细的训练计划，帮助其达到目标，不论是跑5公里还是马拉松都可以。用户可以监控跑步进度，使用GPS进行跑步追踪，在音频引导下进行跑步锻炼，边跑边听音乐，获得所在地区的新跑步路线，以及与同龄人的比较。用户可以在社区和朋友们比赛，也可以在跑步过程中得到对方的鼓励。当你开始跑步时，告诉他们一声就行了。

"更高的环境目标型"社区：这类社区可以吸引周围的人，一起为环保做贡献。例如，主营户外服装的巴塔哥尼亚公司（Patagonia）将"拯救我们的家园"作为公司使命，并开展具有影响力的项目，切实践行该使命。公司提出"共同衣物行动"（Common Threads Initiative），倡导"减少消费、修补、再利用、回收"（Reduce，Repair，Reuse，Recycle）。它建设了"旧衣新穿"（Worn Wear）网站，通过它回收品牌的旧衣服，修补后在网站上出售，延长其使用寿命，以节约资源。网站上也有巴塔哥尼亚社区成员的故事，反映了巴塔哥尼亚公司的价值观和文化。如果你认同它的价值观，可以申请成为志愿者，加入数百个相关组织，也可参加网站宣传的活动。虽然人们的参与是被动的，但是巴塔哥尼亚公司的价值观和为环境的付出受到了很多人的尊敬，其社区也得到了认同。

"更高的社会目标型"社区：这类社区会吸引志同道合的人。例如，多芬于2004年推出女性自信绽放社区，把认为"美貌"是女性（尤其是少女）焦虑源泉之一的人们聚集了起来，并呼吁女性要建立自信和自尊。多芬的目标是提高全社会的意识，反对偏见，挑战"美"的标准。他们制作了一段视频，观看量超过了1.14亿次，在视频中，一名艺术家根据两个人的描述画出同一个人的两幅画像，可以从中发现，女性的自我印象远比陌生人的观察更为苛刻。据报道，当时它成为有史以来传播最疯狂的视频广告。现在，多芬的网站上有几十项类似的倡议，呼吁家长、导师、教师和青年领袖要自信。多芬围绕自信倡议已经建立了一个活跃的社区，它提高了品牌价值，甚至提高了产品的销量——接触过这类宣传的顾客，购买其产品的可能性要比未接触过者高出 15%。

社区的创建还有两点需要注意：第一，社区中要有人担任不同的角色，比如在多芬的案例中就有领导者、故事讲述者、支持者以及参与者的角色，不同角色需要不同的人来担任，他们也需要有能力和动力来推动社区的发展建设；第二，社区之间也要能相互关联，提供另一种连接点，比如耐克活动社区就可以与不同的运动社区（如跑步、举重和瑜伽等）联系起来。

要建设哪类品牌社区呢

公司如何建设正确的品牌社区来创建或支撑颠覆性细分品类呢？可以思考下列问题：

- 是否存在建设品牌社区的需求？从规模和质量上说，目标受众是否值得关注？其需求是否有价值？建设新社区是否可行，还是其他社区已经占据了主导地位？如果可行，是否能加入现有的兴趣共享社区，或者与其结盟？

- 公司是否能提供某种独一无二的实质性内容？公司是否能成为积极的合作伙伴或供应商？如果品牌是在现有能力、资产或者用户体验的基础上构建社区计划，那么前两个问题就更可能得到肯定的答案。

- 社区计划是否有吸引力，是否与品牌相关？品牌社区计划是否能获得足够的知名度、相关性和可信度，以受到目标群体的关注？该社区是否会推动品牌发展？

通过个性化创建关系

走进一家商店，如果有人对我说："嗨，戴维，那套棕色的西装还行吧？你在会议上的发言顺利吗？"我会感觉到"关系"的存在，它是有形的。

顾客重视关系。赛富时曾对全球 6700 多名顾客和企业买家进行调查，其中超过 80% 的人表示，自己是否被视作真实存在的人，而非一个统计数字，会在很大程度上影响他们的购买决定。你不仅能得到产品的实际价值，还会产生归属感，觉得自己是该品牌的朋友，而不仅仅是一名顾客，他们关心你是否满意，甚至是否幸福。当你的导师提出这类问题："你的项目进行得怎么样了？遇到了什么困难？你要如何克服它们？"你会认为这个人关心你，你们就这样建立了关系。

这种由于个性化而产生的感受可以成为"必备要素"，它能帮助品牌与顾客建立联系，就像人与人之间的关系一样。品牌可以扮演家庭成员、朋友、导师或同事的角色。以"朋友"为例，你肯定愿意和幽默、有趣或者爱好相同的朋友一起玩；朋友知道什么会让你产生兴趣，什么会对你有帮助，什么会让你不舒服；你会和朋友互动，你会欣赏、信任和尊重朋友，希望和对方一起寻找乐趣或刺激的体验；你不仅会让朋友走进你的生活，也享受他们的存在。品牌也能创造出类似的感觉。

这些关系的基石是进行互动。正确的个性化品牌互动是建立和培养关系的载体，它能带来忠诚度，给竞争对手设置壁垒。互动可以成为"必备要素"，因为它超越了功能性利益，为顾客创造了熟悉感以及被需要、被重视的感觉。这表明公司在努力了解顾客，并不断优化产品和服务。

以万豪假日俱乐部为例，它能让你觉得自己不仅是顾客，更是有价值的贵宾。当你预订房间时，工作人员能叫出你的名字："很高兴再次见到您，戴维，距离您上次来亚特兰大已经有一段时间了。我们特意安排了您喜欢的房型。"当你到达酒店前，短信会提醒你无须办理入住手续，使用手机上的虚拟房卡就能进入房间。早上会有人提供叫醒服务："早上好，阿克先生，很高兴为您服务。请问您需要我们送咖啡上来吗？"出门时，礼宾人员会主动问你："请问有什么能为您服务的吗？您需要了解一下晚餐的推荐菜品吗？"在这里，公司想和你建立长期关系，而不是仅仅把你视为业绩上的数字；你还能和其员工进行轻松的对话，他们不会张口闭口都是"生意"。

再来看看迪士尼"快速通行证"（FastPass+）计划。在迪士尼世界主题乐园，用户可以通过该系统预订/预约景点、娱乐活动、餐位和卡通人物合影，自己指定在迪士尼游玩的行程。用户还可以用魔法手环（MagicBand）办理快速通行证、进行面部识别，以及打开迪士尼度假酒店的房间。魔法手环代表了旅客及其独一无二的迪士尼之旅。

当促销经过个性化设计后，就会和顾客更相关，也更有效。吉百利公司（Cadbury）就在印度大获成功：为了鼓励顾客将吉百利巧克力作为送人的礼物，公司会为购买该产品的顾客生成一段个性化视频（插入他们的名字和照片），对方收到巧克力后即可观看视频。

品牌还可通过明确客户的重要性来强化这种关系，客户忠诚度计划[⊖]就是不错的工具。客户如果知道，客户忠诚度计划不仅是促进消费的工具，还象征着自己是品牌关心的珍贵朋友，他们就会觉得自己是特殊的。

⊖ 商家为了回馈客户的忠诚并鼓励客户继续购买其产品，推出的一系列积分、奖励和会员等制度。

有的公司（如嘉信理财和美国联合航空公司）为重要客户设置了专用电话号码，当他们致电时，公司就会知道他们的"身份"。

实现个性化的一种方式是根据用户数据（搜索或购买记录）向其推荐产品，用户通常都会觉得推荐产品有用处。数据基础架构公司 Segment 进行过一项研究，让 1000 多名消费者评价自己的购买体验，大约一半的受访者表示自己曾由于个性化体验，购买了计划之外的产品、提升了消费的档次或者提高了品牌忠诚度。亚马逊（通过数据分析推荐产品的经典例子）也曾表示，公司有超过三分之一的销量来自推荐的产品。同时，这种个性化设计也能让用户产生"他们了解我"的感觉，进而从情感和产品功能上促进关系的建立。

实现个性化的另一种方式是语音识别技术。例如，Alexa 和 Siri 利用机器学习技术让互动更有人情味，让用户觉得是在和朋友互动，时而打趣，时而幽默。语音识别技术甚至能察觉用户的情绪状态，进而调整说话的语气和对话的性质。

建立并运用企业与用户之间的"关系"并不容易，存在四大挑战。

技术壁垒。公司必须从同一组织的不同部门甚至其他组织中获取数据。数据不仅包括用户提供的信息，还有其搜索记录、购买记录和用户行为（来自网站和应用程序）；第三方数据也可以显示用户的兴趣点、媒体合作伙伴以及购物行为。公司需要不断地收集、整合并分析这些数据，以获得深刻的洞见。这项工作并不容易，也不便宜。此外，分析团队需要开发人工智能和学习软件，建立动态模型，预测用户何时愿意与品牌进行交流。建立动态模型的原因在于它们将一直处于学习状态。

用户洞察。公司必须按照相似的兴趣、需求和行为模式，将用户归入不同的细分群体。公司有必要了解这些细分群体，以理解用户表现出的信号，把握住机会，提供受欢迎、有用并且与品牌相符的反馈，进而形成一系列反馈模式。一段时间后，公司可以使用软件不断测试和学习，实现对特定用户信号和反馈的微调。

品牌形象。新细分品类和标杆品牌的概念应该是易于理解且可信的，代表该细分品类的品牌也应具备清晰和一致的价值观、个性、声音、感觉和视觉形象。

顾客对品牌的认知。公司应确保顾客从互动中获得正确的品牌印象。不要让顾客觉得品牌像一个怪异的偷窥者，或者不请自来的跟踪者，可能会滥用用户数据。因此，透明度很关键，要让顾客知道公司会如何获取和处理数据。同时，也不能让顾客觉得品牌更重视销量，而非建立顾客关系。所以，即便是推广或竞赛，也应该设计得有吸引力、参与性和趣味性，与品牌相符，而不能让人一眼就看出赤裸裸的销售动机。

本章探索了数字传播、标签故事、在线社区和个性化设计的力量，以及它们如何改变通往新的颠覆性细分品类的道路。此前的三章内容（第三至五章）介绍了共享经济、电子商务和物联网，即数字驱动的颠覆性细分品类的范围和活力。

在过去的一二十年里，技术取得了长足进步，使这些颠覆性细分品类有了实现的可能，而这些技术本身就代表了颠覆性细分品类具有的潜力。

使能技术为细分品类创造了机会

数字化的实现离不开许多使能技术，对重视技术、平台或基础设施的公司而言，这些使能技术本身就代表着颠覆性细分品类的巨大发展机遇。例如，这类公司也许想实现特殊用途的改进版传感器、更安全的云技术、更有效的中枢或者更灵敏的语音识别系统。

其中有的是资产雄厚的老牌大公司，如微软、亚马逊、谷歌、思科和 IBM。它们和亚马逊一样，在规模、技术深度和执行力方面具有优势。不过，规模较小的新兴公司也有发展空间，它们可以开发专门技能，不断改进顾客体验。

推动数字化变革的使能技术包括以下几种。

传感器：传感器可以监控变量，如温度、光照、湿度、压力、水质、化学物质、烟雾、气体、血流、心脏状态、步数、活动时长、道路上的人或标志等。正如第五章所述，物联网大部分功能的实现都离不开传感器。

云服务：云服务让许多数字技术更加可行且更具吸引力。开发云服务的公司，如微软云服务 Microsoft Azure 或亚马逊云服务 AWS，拥有数十种专门的服务，可以根据具体的需求和特点调整云服务，以适应各种应用场景。

集线器：集线器能整合传感器和其他数字元件，让人们加深对某事物的认识，并对其进行控制和优化。例如，Nest 就在监测温度、湿度和活动的传感器周围建立了集线器。还有更高级的集线器，不仅能收集温控数据，还能收集安全、厨房和照明等数据。

通信网络：通信网络是许多先进物联网技术的关键部分，它能利用互联网，连接具有分析和控制能力的不同传感器、中枢和数据中心。由于通信需求各异，数据庞大，网络系统又很复杂，所以该技术具有一定的挑战性。

语音交互：长期以来，人情味一直是属于人类的特征：人类经过选择和培养，具备了同理心，能友善地对待他人，并能胜任一定的工作。要将上述特征数字化和规模化并不容易，但是，基于计算机的语音交互技术能同时做到以上两点。由于语音识别技术的进步，机器能做出"类似人类"的反应，从而建立类似人与人之间的关系。语音交互还能帮人们缓解或消除一些烦恼，人们不必烦躁或困难地打字输入指令，亚马逊智能音响 Echo 就是很好的例子。Echo 直到 2014 年才推出，这并非偶然，因为语音识别技术在那之前还不成熟，而且仍在不断改进之中。

数据分析：数据分析是组织和分析数据的过程，目的在于识别模式，获得深入了解，并实现优化。没有数据分析的数字化发展是被动和有限的。

机器学习：机器学习软件可在最少的人为干预下，学习数据、识别模式并做出决策。机器学习技术可建立客户偏好模型，取代人类决策过程。引言提到的 Nest 智能温控器，就能根据使用记录自主调整温度。

前四章重点讨论了数字化。数字化发展迅速，是变革性和实质性创新的驱动力和实现因素之一。在接下来的章节中，我将继续讨论定义颠覆性细分品类的新"必备要素"，包括如何寻找、评估和管理"必备要素"，并给竞争对手设置壁垒，正是它们造就了忠实的顾客群和强大的品牌，并将提供一个增长的平台。

第 七 章

寻找新的"必备要素"

"和别人看到同样的事物，但进行不同的思考，这才是探索。"

——阿尔伯特·森特·哲尔吉
（Albert Szent Gyorgi）
维生素 C 的发现者和诺贝尔生理学或医学奖得主

好的想法从何而来？面对质疑和资源竞争，如何发现并培养这些想法？如何让想法通过"这永远行不通"的屏障？面对风险和不确定性，如何坚持下去？回顾前文讨论过的数十个成功创建并引领了颠覆性细分品类的品牌案例，我们已经能从中得到一些经验性的答案。虽然每个案例都不同，但是其中不乏具有指导意义的事实、做法和行动。

请思考下列八条建议，它们也许能帮助你实现颠覆性的改变。

亲近科技。在数字时代，公司要有能理解并运用新兴技术的员工和相关经验，这是实现其增长的关键战略之一。例如，云计算的先驱赛富时公司就在技术团队的引领下，创建了一个颠覆性细分品类，朝着"软件即服务"⊖（software as a service）的方向发展，当时的技术和计算机也做好了准备。再如，Nest实验室的创始人也十分了解机器学习，以及设计和营销"产品"背后的技术。

贴近市场。要贴近市场、熟悉市场趋势、亲近客户。丝芙兰熟知门店购物参与度高且满足感强的原因，在此基础上它对零售体验进行了设计，建立了品牌社区，将顾客对美的兴趣提升到了新的高度。本章将讨论的帮宝适（Pampers）也是如此，在了解到中国妈妈们更关心婴儿的睡眠质量而非穿戴的便捷度和纸尿裤的干燥度后，该品牌做出了相应的改变。

超越功能性利益。多芬发起的女性"自信绽放计划"就和其产品的功能性利益没有多大关系；爱彼迎之所以能够增长，是因为它让房东成为企业家，鼓励房客去探险，而非仅仅给他们找一处住所；卫宝（Lifebuoy）发起了一项有关洗手的社会项目，和顾客建立起情感联系，给其香皂产品带来了吸引力（将在第九章讨论）。

拥有梦想。要制定更高的目标来指导公司策略。巴塔哥尼亚公司从一开始就专注于环保，设计了不会破坏岩石表面的攀岩设备，这让它在

⊖ 云计算的三种服务模式中最重要的一种。——译者注

户外服装品类中创建了环保导向的细分品类。再如，易集更高的目标与促进手工艺发展及其创造有关。那些欣赏并寻求创新手工艺品的人，那些把精力和天赋用于手工艺品制造并将其商业化的人，他们都拥有梦想。

树立自信，打破"产品"壁垒。这需要你的投入、资源和创新思维，只要你坚信，你就能做到。想想普锐斯，它完成了看似不可能的挑战，制造出最好的小型汽车，在短短两年多的时间里将续航里程提高了一倍。再如，KIND 为了生产出只含健康配料的能量棒，公司不断创新，以克服制作工艺上的重重困难。为了解决技术问题，公司全情投入，直到完全消除问题。

战略是不断进化的，所以开始行动吧。正如第三章所述，有两个人需要钱来付房租，当时的旅馆既昂贵又难找，于是爱彼迎诞生了。他们的想法很简单："我们把气垫床放在客厅，再把床位租出去！"他们根本想不到，几年后的爱彼迎会变成什么样子。伍迪·艾伦（Woody Allen）曾说，"80% 的成功来自出席"，然后你只需要不懈前行。所以，"出席"（跨出开始的第一步）就已经成功了一大半。易集的创始人迸发灵感后，在不到两个月内建设了一个简陋的网站，它不久之后的样子与之相去甚远。但不要失望，也不要等待完美，情况会随着时间的推移好转。

抓住灵感。好的想法并不会随时随地出现，当灵感出现时，不要随意地把它抛到一旁。思维要敏捷，迅速抓住有利时机。想想第四章介绍的一美元剃须俱乐部，创始人意识到剃须刀片价格昂贵，而且被锁在柜台里展示，让顾客无法确定刀片是否合适，购买体验较差。这确实是个大问题，不过，也是可以改变的。同样，在沃比·帕克眼镜公司的案例中，公司创始人想到楼下买眼镜的顾客面临的问题时，他也趁热打铁，提出了解决措施。拖延和过度分析会让你放走难得的机会。

要有创意。从不同的角度看问题。创新思维的本质是迫使自己以迥然不同的方式迎接挑战或机遇。创新思维大师会让你寻找新起点——身处漂浮在大西洋的轮船上，有一个橡皮筋，或者从最坏的解决方案入手。也就是说，我们在思考时要"不走寻常路"。

本着创新的精神，我们回顾了一些卓有成效的创意，其中许多可分为产品驱动的创意和顾客/市场驱动的创意。

由产品驱动的新产品或新服务，可以来自某项新技术，或者联系顾客的不同方式。不过，问题在于是否存在尚未得到满足的需求，进而支撑起某个有价值的市场。想想朝日"超爽"啤酒，它们使用了新技术，生产出了口味不同的啤酒；乔巴尼公司有制造希腊酸奶的技术，继而创建了希腊酸奶市场。在上述两个案例中，当时的市场接受程度尚不确定。

顾客/市场驱动的创意来自市场和顾客尚未满足的需求，它们也许是顾客对当前产品的不满，或者未意识到的"隐藏"需求。挑战在于，公司能否创造出反响热烈的产品，并具备一系列"必备要素"。优步就是一个好例子，由于当时的出租车无法满足市场，于是优步想出了一个可行的替代方案。

产品驱动的创意

产品驱动的创意是能创造或改善一款产品的创意。下面列出了潜在的创意来源。

技术刺激的概念。技术发展可以创造或刺激潜在的且未被识别的需求，进而引出新的概念。日本存在对干啤的需求，因而有了朝日"超爽"啤酒，产生了新的啤酒细分品类；麒麟一番榨啤酒也是如此。在上述两个案例中，技术进步是关键。同样，Nest温控器之所以成为可能，也是因为机器学习技术的发展。

利用"跨界"的技术。将某业务领域使用的技术应用于其他业务领域，从而创造出独特的产品，让竞争对手难以超越。例如，佳洁士美白牙贴（Crest Whitestrips）就结合了宝洁公司研发的薄膜技术和洗衣店常用的漂白技术；化工和制药公司默克（Merck KGaA）从公司内部广泛地吸取见解，从研究中汲取经验，从而成为液晶（LCD）材料的世界领先者。

充分利用自身的资产和能力。想让细分品类具有价值并受到人们的热议，就要将其建立在难以复制的资产和能力之上。如果存在可用的现有资产和能力，那么，在一些调整之后，也许就可以创建出细分品类。例如，象征着家庭、乐趣和回忆的迪士尼就在主题乐园体验和迪士尼角色等资产的基础上，创建了"游轮"细分品类，该细分品类区分度高，竞争对手难以企及；沃尔玛在推出"线上选购，到店提货"时，也充分利用了其市场覆盖率。

寻找榜样。跨行业寻找可迁移的成功案例也是灵感的来源之一。例如，波音公司在开发波音787梦想客机（Dreamliner）时，就借鉴了沃尔玛的库存跟踪系统，用于解决乘客行李丢失问题（这也是航空公司面临的主要问题之一），还学习了迪士尼如何通过服务让顾客感到愉悦。流水线不是亨利·福特（Henry Ford）发明的，他只是结合了生产线、可互换部件［1801年由伊莱·惠特尼（Eli Whitney）提出］和连续生产（1882年）的概念，它们分别来自芝加哥的肉类加工业、手枪组装以及烟草工业。

来自其他市场的产品。其他市场中的颠覆性细分品类也值得探索。李维斯（Levi's）旗下的"多克斯"系列（Dockers，经典卡其裤品牌）就来自阿根廷分公司；乔巴尼公司用希腊酸奶颠覆了美国市场，而希腊酸奶在欧洲早就取得了成功。

我们还可以采取反向创新策略。例如，把印度等新兴市场上简单且廉价的产品，出口到美国或欧洲等发达市场。通用电气为中国农村诊所研发了一种便宜、便携、基于电脑的超声波仪器，之后也在美国推出了这款价值 1.5 万美元的设备。如今，救护车、急诊室甚至手术室都有这款设备的身影，它可以帮助医护人员放置麻醉导管。

我们还可以从其他公司获取产品灵感。能量饮料品牌红牛（Red Bull）最早由一家泰国公司研制；宝洁旗下的玉兰油新生塑颜系列（Olay Regenerist）各款产品，四年间的年销售额高达 2.5 亿美元，其基础成分来自一家法国小公司斯达玛（Sederma）的研发成果，原本用于帮助伤口愈合；宝洁的另一款热门产品静电除尘掸（Swiffer Duster），则出自宝洁在纸尿布和女性护理产品领域的竞争对手——日本品牌尤妮佳（Unicharm）。

失败的创意

寻找具有战略意义但存在一个或多个缺陷的失败创意。可以克服这些缺陷吗？如果可以，新的细分品类会蓬勃发展，还是存在其他问题？造成产品失败的一些原因其实是可以解决的，例如以下几种。

资源不足。一些酝酿中的新细分品类已经有了真正的"必备要素"，但是公司缺乏资源或能力，无法成功地将其开发出来并推向市场。几十年来，人们竭尽全力地想制造出一种低糖的可乐，结果，要么是得到的产品不够好，要么是公司缺乏营销和分销的实力。可口可乐公司具备了所有条件，推出健怡可乐（Diet Coke），引领了一个新的颠覆性细分品类。麒麟啤酒公司占领发泡酒市场和碳酸蒸馏酒饮料市场时也是如此，得以和三得利公司并驾齐驱。相反，本田手握资源却不愿意投入，将机会送给了丰田的"普锐斯"系列。

应用失误。有时，失败的产品可以应用到其他产品上，并获得成功。例如，3M 公司的一名科学家曾发现一种可轻松移除的特殊黏合剂，但当

时公司计划生产强力胶，于是这款黏合剂"失败"了。大约六年后，3M
的一名员工想找一种可以重复粘贴且不会损害纸张的书签，用于标记自
己的教堂圣歌集，于是使用那种特殊黏合剂，开发出了便利贴（Post-it），
最终在全球获得了成功。再如，特氟隆（Teflon），即聚四氟乙烯，原本是
作为冰箱的特殊冷却材料开发出来的，后来却被用于煎锅（如不粘锅）和
特殊用途的织物。⊖能浮在水面上的象牙香皂（Ivory soap）本是一个制造
上的失误。由此可见，重要的是你要睁大眼睛，智慧地践行各种各样的
想法（不论它们来自哪里），它们的绝佳应用方式也许就在你的眼前。

营销能力或有不足。经过市场测试，3M 公司认为便利贴的市场需求
不足，打算否决这项创意。然而，3M 公司却注意到，自己公司的职工对
便利贴"上瘾"了，根本离不开它。所以，问题在于要让人们接触到这
款产品。于是，3M 公司进行了测试，向爱达荷州博伊西市（Boise）的消
费者免费提供便利贴，结果反响热烈。这款曾经差点被否决的便利贴销
量飙升，之后发生的事情大家都知道了。

时机过早。问题也可能出在时机上。许多竞争对手都比苹果公司早
推出过一些创新产品，但当时的产品技术还未成熟。史蒂夫·乔布斯是
一名善于把握时机的天才，直到技术成熟后才会推出产品。例如，iPod
进入市场时，相关技术已成熟，不会限制可选音乐的数量，产品价格也
不会过高。相比之下，索尼在两年前就推出了同类产品，但当时的技术
还不成熟，所以它没有激起任何水花。

疲惫的生活需要能量。一家书店改善了自己的功能以及顾客的体验，
从而得到市场的青睐。英迪戈（Indigo）是加拿大最大的连锁书店，有一
次，公司首席执行官希瑟·莱斯曼（Heather Reisman）听到一名小说家的
倾诉，她想穿着舒适的袜子，窝着身子，抱着书读。于是，希瑟开始在

⊖ 经特氟隆涂装的面料，具有不粘、耐热、抗湿、耐磨损、耐侵蚀等特点。

书店销售毛茸茸的"阅读袜",后来成了标志性的礼物,书店也逐渐变得不同,销售起独特的产品来,而且它们都有各自的主题,如"快乐餐桌"(烹饪书、玻璃器皿和上菜盘)、"家居饰品"(椅套、篮子和蜡烛)、"她说"(女性相关书籍)、"她的房间"(设计、围巾和日记类书籍)和"希瑟推荐"(Heather's Picks,书籍和礼物等)。英迪戈已从一家书店变成了精品生活馆。

顾客 / 市场驱动的创意

有了顾客 / 市场驱动的创意,接下来要密切关注市场及其顾客。哪些需求尚未得到满足?顾客是否意识到了这些需求的存在?它们是否超出了产品的范围(如品牌社区或更高的目标)?哪些市场趋势会推动未来市场的增长(要注意非顾客群和非常规使用方式的出现)?

顾客的沮丧和烦恼

顾客知道存在一些尚未满足的需求,如果有机会,他们也往往能表述出这些需求:产品出现了哪些使用问题,它和竞争产品的使用体验相比孰优孰劣,产品或服务所属的使用生态(也许包含其他产品和服务)是否存在问题。例如,咖啡爱好者用咖啡机做好浓缩咖啡后,每次都要清洗咖啡机的滤网,很是麻烦,因此雀巢公司为奈斯派索(Nespresso)咖啡机设计了咖啡胶囊。

不满情绪可以细分为许多种类,从感到心烦或不便,到十分沮丧甚至愤怒。例如,糟糕的打车体验(优步出现之前),在旅馆和酒店都爆满的城市里找住宿(爱彼迎出现之前),换剃须刀的麻烦程度和高成本(一美元剃须俱乐部出现之前),以及眼镜购买者面临的高成本和过多选项

（沃比·帕克出现之前）。在这些情况中，很少有人能意识到，肯定有方法能避免这些不满情绪。上述公司的创始人都找到了各自的方法，并随着时间的推移不断将其完善。如果存在顾客不满意程度高的情况，也许能把它作为能量来源，从中创建出一个颠覆性细分品类。

T-Mobile 的顾客群明显对公司的服务模式感到不满甚至愤怒。这可不像两个人坐在沙发上思考要如何解决房租那么简单。T-Mobile 是一家大公司，也愿意冒着利润降低（甚至生存）的风险，来颠覆行业的传统做法。为此，它需要进行大量研究，以确保风险可控，前进方向与新战略一致，并能充分利用即将到来的趋势。

程度较轻的不满情绪是烦恼。如果有必要，顾客也能忍受。然而，无品牌凭借低廉的价格和有限的选择，吸引了众多顾客；星巴克的移动下单及支付系统让顾客免去了排队等候的麻烦；安塔克伊特公司（UNTUCKit）设计了免掖款衬衫。这些举措提供给顾客的便利并不多，新增顾客的忠诚度也有限，但是购买和使用"更熟悉的产品"的惯性很强大，这也是公司拥有颠覆性细分品类的基础。

寻找核心购买动机

试着透过表面的购买理由，寻找顾客的核心购买动机。顾客也许很难将其表述出来，甚至没有意识到它们的存在。一般而言，坚持不懈、充满好奇并能进行绝妙研究的公司才能确定顾客的核心购买动机。丰田公司有一个著名的"五问法"，即对一个问题连续问五次"为什么"，以找出最根本的原因。按照这个逻辑，我认识的一个两岁的孩子，未来很可能会成为杰出的创新者。

以宝洁旗下的帮宝适为例，2006 年，帮宝适在中国推出了一款改良版纸尿裤。这款一次性纸尿裤质地柔软，效果好，价格仅为美国版产品的一半，销量却出现了下滑。公司深入研究后发现，干燥清爽或使用方便的纸尿裤并不会激起中国家长的购买欲，他们真正关心的是婴儿的睡眠质量。北京儿童医院睡眠中心受委托进行的一项研究显示，穿帮宝适的婴儿入睡速度快30%，每晚能多睡30分钟，哭闹情况少50%。这就是答案。

2007年，帮宝适推出"金质睡眠"（Golden Sleep）活动，在多个城市广泛地进行了宣传，组织了嘉年华和门店活动，旨在将一次性纸尿裤塑造为高质量睡眠的帮手。其中，支撑起该活动的设计是鼓励妈妈们把宝宝睡觉的照片发到帮宝适的官网上，并将它们拼合成一张超大照片，悬挂在上海的一家商场外。

结果，一次性纸尿裤品类出现了爆发式增长。2006年，这款纸尿裤首次在中国推出；2011年，帮宝适成为该市场的领头羊，销售额高达30亿美元。该案例成功的关键在于顾客对产品的理解，从而将注意力转向新的、不同的"必备要素"，进而改变了妈妈们的购买选择。

寻找新的非常规使用方式

顾客实际是如何使用这款产品的？是否存在非常规的使用方式？如果是，是否存在有类似需求的核心顾客群？这种使用方式能否代表不同的价值主张？

美国艾禾美（Arm & Hammer）品牌旗下的小苏打产品就是一个经典的例子。这款小苏打产品起源于1846年，长期以来，人们将它用于烘焙，也用于洗澡和清洁牙齿。1972年，公司发现顾客竟将它放在冰箱里，用来清新空气，防止食物受异味的影响。于是，该品牌宣传起这个新功能，从而打造出一项全新的业务，这个默默无闻的品牌也实现了销量的高速增长。据统计，在短短14个月内，用过小苏打新功能的家庭比例就从 1% 上升到了 57%。艾禾美也利用产品的防臭特性，扩大了产品范围，如水槽、冰柜、猫砂和地毯除味剂。当然，市场上还有其他除味剂品牌，但是小苏打溶液型的除味剂只有一种。在过去 10 年中，艾禾美又推出了小苏打冰箱除味剂专用盒和小苏打摇摇瓶（Baking Soda Shaker）。

有时，需要出现某种改变，非常规使用的潜力才能显示出来。乐基因（Nalgene）旗下的可重复使用水杯不含双酚 A 物质，最初其实是实验室用具。但由于一次性塑料瓶的争议越来越大，实验室的科学家们开始带着可重复使用的塑料瓶去露营，给这种水杯创造了新的用途。

将非顾客群纳入考虑

顾客了解这个细分品类，有相关的使用体验，就容易意识到哪些需求还未被满足。相较而言，非顾客群则代表了未知的潜力，是一片全新的领域。他们为什么不购买产品？他们为什么会犹豫？购买壁垒是什么？对他们而言，产品是否缺少一些功能或特性？还是由于产品价格过高，而且有顾客不想要的功能或特性？研究非顾客群也许会挖掘出新的商机。

在新兴经济体中，"负担得起的产品价格"和"可购产品的价格"之间有一定的差距，因而有相当数量的顾客会因为产品价格过高而选择不购买。诺基亚通过研究印度消费者发现：就算是一款功能简单的手机，其价格也被认为很高，但是，如果给手机加上手电筒、闹钟和收音机功能，这款手机的价格虽高，却更容易被顾客接受。

另外，还有其他购买壁垒：灰尘太大会影响手机可靠性，湿度太大会导致手滑，屏幕太反光会让人看不清字。诺基亚解决了上述问题，推出了一款新手机：可防尘，持握感好，并使用了偏振屏。最初零售商不愿意销售诺基亚手机，于是诺基亚找人在小摊上销售诺基亚手机。很快，约 10 万家零售店也开始出售这款手机。这一切都源于公司识别并消除了产品的购买壁垒，从而创建了一个颠覆性细分品类。

建立共同兴趣品牌社区

正如第六章所述，如果品牌能识别出顾客的兴趣或热情所在，并积极参与进去，就能与其建立一种联系，在此基础上发展品牌社区并提高顾客忠诚度。品牌社区本身就是自带壁垒的"必备要素"，其他品牌很难复制其权威性、参与感、活力和重要性。在第六章中，丝芙兰美妆达人社区、乐高用户社区和多芬的自信绽放社区等研究显示，共同兴趣的力量十分强大，是忠实核心顾客群的基础。

要找到适合品牌的共同兴趣社区也不容易。一种途径是寻找核心动机，如制作乐高作品或乳腺癌研究（雅芳乳腺癌防治项目的公益健步走活动的基础）。另一种途径是加入已有的项目或活动，成为其所有者或积极的合作伙伴，减少启动资金和风险。

制定或激发更高的目标

更高的目标不仅为建立在尊重、赞赏和鼓舞基础上的关系奠定了基础，还很难被竞争对手超越。第六章介绍了更高的社会目标（如多芬的女性"自信绽放计划"）、更高的环境目标（如巴塔哥尼亚公司的环保计划），以及更高的产品驱动目标［例如，苹果公司的愿景是创造"疯狂而伟大"的产品，绘儿乐公司（Crayola）的目标是帮助家长和老师培养有灵性和创造力的孩子］。

更高的目标（尤其是更高的产品驱动目标）要具备权威性和实质性内容，并要和品牌相关，才能与消费者建立联系。这意味着，公司要有内部认可的价值观和文化，由它们支撑起上述更高的目标；还需要恰当利用公司的资源来实现目标；最后，更高的目标要和品牌相关，当人们听到某品牌时，就会联想到其更高的目标。

市场趋势

顾客趋势能成为新细分品类的驱动力，可以参考"找到队伍，并走在前列"这句话。这就是全食市场销售有机食品的战略内容。哪些市场因素会影响价值主张的成功以及目标市场的选择？哪些趋势会创造出尚未被满足的新需求，或者让现有的需求更加明显？现有趋势的空白是什么？

饮料市场在经历由苏打水向碳酸水的转变，在此强大趋势的推动下，碳酸水品牌 LaCroix 应运而生。LaCroix 的碳酸水为听装，12 听为一组；外观为"毕加索式"的抽象设计，色彩丰富；产品无添加剂，对"千禧一代"的消费者极具吸引力。该品牌在 2013 年的销售情况良好，而且销售额在接下来的五年中增长了 8 倍，成为该品类的领军者，这在很大程度上是因为它成功驾驭了不断变化的顾客群。

如果品牌能利用多种趋势的话就更好了，因为竞争对手将面临更高的壁垒。亚洲料理品牌安妮春（Annie Chun's）就利用了亚洲美食、健康饮食、天然原料和方便的家庭餐四个趋势，推出了一系列包装食品。在产品繁多的市场上，这样的食物组合（加上有趣的菜单）开创了属于它的细分品类。

从"去哪儿找"到"如何找"

接下来，我们的关注点将从"去哪里找产品驱动的必备要素"转为"如何找这样的必备要素"，下面是三条富有成效的建议。

人种学研究：发现尚未被满足需求的途径

有时，顾客没有意识到自己有尚未被满足的需求，他们也许已经习惯了现有产品或服务的隐性限制，以至于干脆直接接受了问题的存在。亨利·福特曾说过，在汽车出现前，如果你问人们需要什么，他们的答案是"一匹更快的马"，而不是期待"一辆汽车"。要了解某些尚未被满足的需求，顾客并不总是有效的参考来源，对涉及情感和自我表达利益的需求来说更是如此。

人们可以通过人种学研究（也称人类学研究或沉浸式研究），直接观察顾客的购买行为、使用或谈论产品或服务的方式，能在不直接询问顾客的情况下，发现他们为何感到沮丧，遇到了哪些问题。公司会观察顾客如何使用某种产品，为什么会使用该产品，以及是否有尚未被满足的需求，从而产生可行的见解。

人种学研究是有用的。宝洁公司深入研究了墨西哥农村地区的水资源问题，⊖进而推出"多丽一漂净"（Downey Single Rinse）洗衣液；奥秀公司（OXO）通过观察承包商和家装工人的行为，开发了一款拔钉锤（为专业工具系列之一），它采用玻璃纤维芯来减少振动，并在顶部安装了橡胶缓冲器，能避免拆卸钉子时留下痕迹；万豪假日俱乐部设有一个七人多功能团队（包括设计师和建筑师各一人），在六周的时间里，他们在酒店大堂、咖啡馆和酒吧与顾客一起相处，最后，他们重新设计装潢了大堂和相邻区域，使之更适合业务处理：灯光更明亮，设立了社交区，还有小桌、大桌和半私密空间等。

虽然人种学研究方法已经存在了近一个世纪，但在过去几十年里，

⊖　宝洁公司研究发现，墨西哥妇女喜欢使用柔顺剂，但是手洗过程繁杂，用水量大。于是宝洁推出了新产品"多丽一漂净"，将原来的六道工序简化为三道：洗涤、加柔顺剂和漂净。——译者注

它又焕发出新的生命力。例如,宝洁公司将人种学研究制度化,制订了一系列计划,包括"与消费者一起生活"(Living It)、"与消费者一起购物"(Shop-Alongs)和"在零售柜台工作"(Working It)等。几乎宝洁公司的所有高管都至少有过一次上述经历,很多人还常常这样做。人们发现,这种与消费者的接触除了能让公司获得可执行的建议,还能提高员工的工作满意度。

涉及与消费者一起生活的人种学研究可能比较耗费财力和时间,而且受地域的限制。随着互联网的广泛使用、软件支持的社交互动、无处不在的视频访问和移动连接,现在进行人种学研究的金钱和时间成本更低。顾客随时随地都能获得产品和服务体验,这可以促进自发的互动和顾客的自我发现。例如,对葡萄酒体验感兴趣的顾客可以在网上写日记,通过视频或图片展示其相关体验和个人观察。

发掘目标顾客以外的潜力

人们倾向于关注自己所在的市场及其(潜在)顾客,这通常会带来渐进性创新。好的创意更可能来自目标顾客之外,有时是"千万里之外"的地方。

艾迪伊欧公司曾计划设计一个厨具新系列,它从远离目标市场的对象开始研究——专业厨师和还不喜欢烹饪的小女孩。公司发现,厨师会"走捷径"(出于厨房的卫生要求和大量清洁任务),小女孩打开罐头时很费力。因此,公司团队把设计方向从"厨具套装"转为"定制工具"(为不同的烹饪类别定制不同的手柄)。

铂慧游戏工作室(Propher's Playstudio)通过真人图书馆(human library)来挖掘新创意。该图书馆的灵感来自瑞典马尔默市(Malmo)的图书馆项目——游客能"借走"一个人,与其进行45分钟的对话。之所以选择"人"作为真人图书馆的"书",是因为他能为话题带来间接的视角或背景。例如,一家女士服装公司的员工和发型师进行了交谈,以了解女性气质的标志性元素和潮流动向;一家对客户合作感兴趣的私人银行向职业交谊舞者咨询了建立信任的方式;一家高档餐厅的主管与一位高档服装品牌专家讨论了如何提高商品化产品的高级感。

顾客合作,构建概念

顾客可以有效地帮助公司开发突破性概念。他们能超越确定的需求,切实提出可以转化为产品的解决方案。例如,乐高公司利用其顾客群来开发、定制和测试新产品。乐高头脑风暴机器人(Mindstorms)就是在一百多名用户的帮助下开发而成,结合了乐高建筑和机器人技术的工具包;此外,还有许多乐高爱好者参与了乐高城堡和城市系列的开发。

通过互联网与顾客对话,也是一种有效且高效的顾客接触方式。例如,戴尔公司设有一个名为"创意风暴"(IdeaStorm)的网站,顾客可以在此发表想法,可以对他人的想法投票,还可以看到戴尔公司的反馈(包括"审议中"或"已部分实施"等)。这些想法和建议包括背光键盘、支持免费软件(如 Linux)、降低电脑噪声以及增加 USB 接口等。再如,2008 年推出的"我的星巴克想法"(My Starbucks Idea)创新社区为星巴克带来众多改变:推出了防止顾客被溢出热饮烫伤的防溢棒、移动支付、新口味饮品(包括瘦身饮料),以及蛋糕棒棒糖等。

顾客导向的网站也可被用于测试和完善公司创意。波音公司曾找来约 12 万人加入名为"世界设计团队"(World Design Team)的基于互联网的全球论坛,为梦想客机的设计提供创意。这些网站的受众是有着特殊兴趣的顾客,能够理解并进行评论,他们是高效的样本人群。

评估"必备要素"和新细分品类

　　既然创意已经浮出水面，接下来我将谈谈评估这些创意的方式。公司需要进行持续的评估，将其嵌入确定增长机会的过程中。首先把它当作筛选工具，然后用它指导决策的实施。公司必须在"既费资源又昂贵的失败"与"失去创建增长平台的难得机会"之间取得平衡。

第 八 章

评估潜在"必备要素"

"在制作更好的捕鼠器之前,你要先弄清楚外面有没有老鼠。"

——莫蒂默·B. 朱克曼

(Mortimer B. Zuckerman)

《美国新闻与世界报道》主编

想想那些能让人感兴趣、能成为话题的焦点，并且能让外行和内行都相信会大卖的概念，它们又会存在什么问题呢？

赛格威平衡车

2001 年推出的赛格威平衡车（Segway Human Transporter）是一款电动两轮车，使用者只需倾斜身体就能实现加速或刹车，这款平衡车能以每小时 12 英里的速度行驶 17 英里。这个概念在市场上引起了巨大反响，网络节目（包括一档热门电视喜剧）和主要杂志都进行了相关的专题报道，还经常将其作为封面故事。而且，也有很多知名人士在使用赛格威。赛格威平衡车几乎家喻户晓，引起人们广泛关注。

赛格威的前景一片光明。该公司的一名主要支持者公开预测，赛格威的销售额达到 10 亿美元的速度将比任何公司都快；史蒂夫·乔布斯认为，赛格威将具备和个人计算机一样的影响力；发明家迪恩·卡门（Dean Kamen）预言，"一如汽车取代马车一样，赛格威也会取代汽车"，他还建立了一座大型工厂，每年能生产近 50 万台赛格威平衡车。赛格威获得了 6 亿美元的估值，许多人预计其前 13 个月的销量在 5 万～10 万台。然而，赛格威前七年的销量还不到 3 万台。

这是为什么呢？

关键在于，赛格威平衡车将邮递员和安保人员定为主要受众，虽然这款产品能让他们轻松地将步行速度提高三倍，但是他们还是不愿意购买。因为在实际工作中只有不到 5% 的邮递员会步行，而且据其中试用过赛格威平衡车的人反映，操作该平衡车要用到两只手，因此他们无法在投递过程中整理邮件；另外，如果下雨，他们也无法打伞。对警察和保安等安保人员来说，续航能力也是一大关注点。山地车等替代品的价格更便宜，也不耗费燃料。因此，赛格威平衡车并不足以成为上述两大目标受众的"必备要素"。直到 2009 年，仅有约 1000 名安保人员在使用赛格威平衡车。

赛格威公司的第一个重大失误是高估了邮政和安保市场的需求。这主要是因为他们没有详细了解目标受众的日常工作，也没有切实努力地去发现和分析其他细分群体。不过，很多新产品在其主要目标市场失败后，还是找到了替代市场，公司需要行动敏捷，战略灵活，努力识别有效的应用方式。可赛格威并没有这样做。

该公司的第二个重大失误是将亚马逊作为主要的分销渠道，然而顾客的核心需求之一是能便利地获得培训（赛格威建议时长 4 小时）和服务。虽然赛格威的产品质量好、可靠性高，但是缺乏培训和服务的支持，这几乎注定了它的未来前景不够美好。

这个案例给我们的一个教训是，公司再怎么给新细分品类的产品造势，也解决不了目标市场的用户体验薄弱和客户服务不足的问题。公司很容易被大肆炒作出的产品假象迷惑。

评估任务

识别出新的产品概念是公司销售额增长战略的基石，这些概念有可能创造出"必备要素"的潜力，进而定义颠覆性细分品类。积极寻找这类产品概念的组织，通常都收获颇丰。随后，就要有条不紊地对一些创意进行筛选，确定最具"颠覆性"潜力的创意，进而对其进行投入和资助。这个筛选过程会加重评估的负担。

评估包括两个充满不确定性的判断。

第一，这些"必备要素"是否对市场具有重大意义？它们代表的是实质性创新、变革性创新，还是渐进性创新？产品概念是否能够吸引相当规模的顾客群？它们是否能带来有价值的利润流？还是会成为热门却无法支持赢利所需价格的产品？

预测市场十分重要。如果不是有价值的市场，就没有投资的必要。一项分析宝洁公司多项失败（包括一些著名的失败产品）的研究发现，产品失败的一个主要原因是，公司后期才发现目标市场太小。人们很难预测实质性创新或变革性创新最终会对市场产生怎样的影响：市场趋势复杂多变，无法确定未来的创新技术，难以预测顾客和竞争对手对新细分品类将有何种反应。

一项分析对 1960 ～ 1979 年的《商业周刊》《财富》和《华尔街日报》刊载过的 90 多种重大新产品、市场和技术预测进行了研究，它们生动地说明了预测某一产品在未来是否会取得成功有多难。在被引用的案例中，约有 55% 的增长预测未能实现，原因包括高估了技术（如 3D 彩电）和消费者需求（如双向有线电视），还有一些政治原因（如海洋开采）。

第二，如果有市场，公司能否推出创新产品并在市场上取胜？它是否能成为标杆品牌？随着时间的推移，公司能否创造壁垒，保护该创新产品不会被竞争对手击垮？我们的目标不是成为众多竞争者中的一员，而是要开辟有价值的细分品类，并逐渐占据市场的主导地位。

不过这存在很大风险。公司如果支持的是错误、不成熟或无法实施的创意，不仅会导致资源损失，还会浪费时间，甚至失去创新势头。相反，人们常常会忽视或忘记具有潜力的好创意，错误地或过早地将其扼杀，这也许会让他们付出更大的代价。

不论是内部战略团队对风险资源的分配，还是风投机构寻找下一次大的成功，他们对市场和组织提供产品的能力的评估都会受到偏见的影响。"乐观偏见"可能会为失败的产品概念提供资金支持，"悲观偏见"可能会错误地或过早地终止具有潜力的产品概念。第二种错误通常会被人们忽视或遗忘，但也许是代价最高的一种错误。接下来我们讨论这两种偏见及其潜在的挑战。

乐观偏见

人们评估新产品时可能遇到的一个风险是"乐观偏见"，在这种假设下，顾客会和新产品的倡导者一样，感到十分兴奋，对其印象深刻。为什么评估过程中会存在这类乐观偏见呢？

心理因素是基本原因之一。创新产品的倡导者可能已经潜心研究了数月甚至数年的"必备要素"，对它的前景感到兴奋。要抛开上述近乎痴迷的乐观情绪，以顾客的视角看待事物是困难的。此外，创新的成功可能会对组织内部个人或团体的职业生涯起到关键性作用：成功，职业生涯会加速发展；失败，哪怕是过早地退出，都可能阻碍其发展。

组织承诺可能是另一个原因。如果一个项目已经得到资助，也是公司战略愿景和新产品组合的一部分，那么该项目就是"大战略"的组成部分，其发展的相关过程将被制度化。让它继续发展下去很容易，阻止它的发展，甚至连提出这样的想法都很困难。

最后，这项创新可能只在逻辑上或情感层面获得了成功。如果测试和分析不能令人信服地暴露其风险性和不确定性，人们就不会反驳这项过度乐观的预测。

在存在乐观偏见的情况下，需要解决一些问题，挑战一些假设。

这是真的"必备要素"吗？为了防止人们由于乐观偏见做出错误决策，占用宝贵的风险资源，公司有必要仔细审视"必备要素"细分品类的相关假设及其营销计划，尤其要思考：真的存在"必备要素"吗？每组"必备要素"都应该对应一个有价值的细分市场，而且具备相当的吸引力和差异性，让顾客避免购买或使用缺乏该"必备要素"的产品。还是说，它只是一种不会带来忠实顾客的渐进性创新呢？

这真的是驱动趋势，还是昙花一现？这是否只是空谈？1967年，《哈佛商业评论》刊登了一篇颇具影响力的文章，它预测由于可取代支票的技术的出现，"无支票的社会"会很快兴起，这种转变似乎也很合乎逻辑；文章还预测，所有和支票相关的业务都会急剧减少。可事实却大不相同。在接下来的30年里，人们开具的支票数量从1970年的2000万张增加到了20世纪90年代中期的5000多万张；在随后的几十年，支票数量终于下降；尽管2010年的支票交易量只有2000年的一半，但该数量仍高于1970年。实际情况和街头传言大相径庭。

是否存在不购买的理由？有"必备要素"的存在，但同时也可能有不购买的理由。在赛格威案例中，邮递员工作中需要使用双手，安保人员对平衡车的续航能力有更高的要求，这些"不购买的理由"就是产品难以跨越的关键障碍。

你对市场测试有信心吗？公司是否进行过令人信服的顾客测试（包括小组测试、调查、实验，涵盖在线环境、模拟家庭/商店和测试市场等情境）？最有发展前景的"必备要素"产品也是最新颖的，因此也是受访者最难评价的产品。赛格威就面临过这个问题，要想真正深入地解读产品，就要在现实环境中测试产品的使用体验。然而，必须强调的是，如果产品概念极具吸引力，测试也就不那么重要了。例如，乔布斯几乎从未测试过从 Mac 电脑到 iPhone 手机的一系列创意的可行性；泰德·特纳[⊖]（Ted Turner）从来没有测试过美国有线电视新闻网（CNN）的概念，因为他认为其技术和价值主张非常可靠。

时机是否合适？正如第七章所述，一种产品可能是正确的，但时机还不成熟，因为技术或市场还没有为它做好准备。苹果曾推出的掌上电脑牛顿（Newton）和索尼版本的 iPod 都是不错的创意，但是早了几年推出，因而缺乏技术支持。相反，苹果公司后来推出 iPod、iPad 和 iPhone 的时机都恰到好处。

市场参与者能否赢利？如果顾客喜欢你的产品，那你就迈出了不错的一步。然而，你采取的商业模式能否在现在和未来都带来可观的利润流呢？利润不足通常是因为市场太小，或者价格水平无法弥补成本（鉴于新竞争者的数量）。

市场空间是否足够大？其增长前景如何？该市场的规模是会扩大，还是会一直保持小规模？目标细分市场是什么？它们的总体吸引力如何，是否值得人们在该细分品类上进行投资和承担风险？产品能否顺利进入该市场？如果未达成目标，是否有备用的 B 计划来寻找新的应用方式和细分市场？许多成功的创新依托的应用方式都是公司最初根本没有考虑过的。对一些公司（如赛格威）而言，它们没有想到其他的应用方式，或者太晚才想出来，因而无法帮助产品摆脱困境。

产品定价否能让企业赢利？公司面临的问题有两个。问题一，为了使销量增加，初期的产品价格水平可能无法弥补成本。公司常常会乐观地认为，在不久的将来竞争对手会放弃竞争，同时，公司的忠实顾客愿意接受更高的价格——这或许不太现实。更可能出现的情况是，顾客已

⊖　泰德·特纳：有线电视新闻网的创办者，他创建了世界上第一个全天 24 小时滚动播放新闻的频道，也是世界上最早出现的国际电视频道。——译者注

经习惯了较低的价格，因而会抵制涨价。"规模经济很快就会启动"，这种乐观预测常常是错误的，因为人们假设成本固定，然而实际上成本往往会慢慢上升。问题二，持续存在的竞争会阻碍公司设定适当的价格。古典经济学预测，有吸引力且市场接受度高的产品概念会吸引众多竞争者，因为他们尚处于追赶者的位置，急于发展顾客群，因此往往会成为激进的价格竞争对手。

从 2010 年开始，定期派送的半成品净菜（Meal kit）就成了热门产品。这类半成品净菜的食材经过精心挑选，已经洗好切好，顾客可以随时拿来烹饪。相较而言，顾客花最少的精力，就能吃到一顿在家完成烹饪的菜。这是很棒的产品概念。然而，公司后来发现，顾客对价格比较敏感，很难把他们留住，而且整个过程（从准备餐盒到宣传）的成本也超出了公司的预期。尽管如此，半成品净菜的概念还是很有吸引力的。到 2018 年，美国已有约 150 家半成品净菜公司相互竞争，这使得提高价格和实现规模经济变得更加困难。合并公司和通过零售商销售半成品净菜也许能使情况好转，但是人们早期对该细分品类的预测似乎太乐观了。

我们回顾一下第三章提到的优步案例。对乘客具有吸引力的价格太低，无法为优步创造利润，也无法防止它每年出现巨额亏损。此外，在大部分情况下，一个单一的竞争对手（如也承受着利润压力的来福车）在市场中没有竞争者，其定价就足以影响公司的赢利，而乘客是否会容忍提价就是另外一回事了。

有什么应对方式吗？新产品的竞争对手会凭借相似甚至更好的产品进入市场，尤其在数字领域，进入市场的门槛往往很低，这是新产品可能面临的最大风险。刚进入某热门细分品类的强劲对手不仅会给价格带来压力，还会拖走一定的销量。当然，规避这一切的关键在于设置市场壁垒，即第十章的主要内容。

公司是否有能力创造并营销产品？公司能创造出新产品吗？产品的可行性如何？公司战略可能需要一定的资产和能力来支撑，但是公司目前尚不具备或储备不足，又没有现实的方案来开发或提升这些资产和能力。可能很难找到合作伙伴，或者与其共同填补该缺口。合适的人员、系统、文化和结构可能并不契合公司当前的状态。汽车品牌埃德塞尔（Edsel）被一些人称为美国历史上最糟糕的商业尝试，它存在许多问题，但根本在于公司无法执行制造计划，以避免生产出质量有缺陷的汽车。对具有新颖功能的新产品来说，这是致命的弱点。

就算公司有能力开发出产品，又是否能将产品成功推向市场呢？为此，公司要完成一系列任务。新细分品类需要获得知名度并被明确定义，也需要发展和宣传；新的标杆品牌需要在新细分品类中获得知名度、可信度、有效的分销渠道和忠实的顾客群。这些都并非易事。

标杆品牌是新细分品类的关键组成部分，可以是新品牌、背书品牌[⊖]或者子品牌。品牌失误是很难克服的。1996 年，麦当劳斥资 1 亿美元，针对城市人群推出豪华拱门汉堡（Arch Deluxe）。可是他们的宣传却成了累赘，导致豪华拱门汉堡未能得到推广。仅仅几年后，昔客堡（Shake Shack）等高端汉堡公司也制定了同样的目标，并以非常相似的产品取得了成功。

公司是否会提供支持？产品要想成功，公司就要做出承诺，为其提供相应的资源、风险容忍度和指导，来支持该产品。这既要有决心，也要有资源。当公司在创新的道路上遭遇困境时，尤为如此。一旦情况变得棘手，公司的资源可能会消失。"理性地评估某产品概念尚不值得持续投资"和"一见到困难就想叫停"之间有着微妙的界线。

公司做出的承诺将取决于投入资源的可得性、公司内部相互竞争的

⊖ 背书品牌，是指在产品品牌与服务品牌背后起支撑作用的品牌。

替代方案、资源寻求者的政治权力和资源的分配流程。这就要在整个公司范围内建立客观的分配流程，以确定停止资助的计划和业务部门有哪些，同时分散较大业务部门的权力。公司可能需要在已有业务部门之外，单独设立一个有自己的预算、文化和流程的组织部门。

有志于创造颠覆性细分品类的新产品，如果能和现有业务部门共享资产和能力，内部决策者就会更有兴趣，也更容易推出该产品。如果新产品能利用现有的分销系统或品牌资产，它就具备竞争优势，即使不是决定性的优势，也可能是有意义的优势。如果新产品不适用于熟悉的市场，公司就必须开发新的或不熟悉的资产和能力，制定新的战略，这需要更多的投资，也会带来不确定性。例如，如果赛格威依附于一个拥有分销资源和产品范围的组织，该组织也认可平衡车产品，那么赛格威就能从中受益。

亚马逊是全美最大的书店，旗下的电子阅读器 Kindle 为其带来了一系列协同效果。通过在数字图书领域占据领先地位，亚马逊抓住了重要的商机。这样一来，Kindle 为亚马逊带来了强大的品牌力量，巩固了其"图书首选地"的形象。

如果新的细分品类会损害或侵蚀现有的品牌或业务，或者会占用核心业务所需的资源，就更难从组织层面获得支持。福特公司本来能够率先推出克莱斯勒迷你厢式旅行车那样的车型，但公司当时销售的旅行车为其带来了可观收入，因此不愿加速它的更新换代。

悲观偏见

进行有风险的实质性创新或变革性创新，以期创建"必备要素"和新细分品类，可能会让公司在时间和资源上付出昂贵代价；然而，如果不寻求创建"必备要素"的机会，代价也许会更高。人们往往倾向于规避风险。

人们通常不愿意承担风险。诺贝尔经济学奖获得者阿莫斯·特沃斯基（Amos Tversky）和丹尼尔·卡尼曼（Daniel Kahneman）在前景理论中指出，人们并不总是理性地做出决策，有时由于"损失比收益显得更加突出"，因而不会选择预期价值最高的选项。这种倾向也会影响高管的决策，当渐进性创新能够提供更可预测且风险更小的回报时尤为如此。因此，公司常常会过度投资渐进性创新，而对回报不确定的"大"创新投资不足。

要应对悲观偏见，就必须有创造性思维。想要知道"必备要素"的设想主要存在哪些局限性或风险，是否能够解决，要仔细思考以下假设。

现有产品有缺陷，因此这个创意不会成功。在一段很长的时间内，电子阅读器都未曾得到顾客的关注，但是后来 Kindle 出现了，年销售量超过 100 万台。由此可见，之前的电子阅读器销量并不能预测 Kindle 的市场接受度。最初，雪地靴品牌 UGG 的受众为冲浪者，人们认为这种鞋太过专业，对大众市场没有吸引力；后来，该品牌在全球范围内大获成功，证明上述想法是错误的。1998 年，电池技术尚未实现突破，通用汽车公司便否定了电动汽车 EV1 的创意；2005 年，时任首席执行官的里克·瓦格纳（Rick Wagoner）承认，那是通用汽车公司最大的战略失误。

产品没有其他应用方式。英特尔公司（Intel）从 1978 年开始研发 80286 微处理器，其间提出了该处理器的 50 种潜在应用方式。排名前 50 的应用方式中并没有个人计算机，而这项终极应用方式成为英特尔数十年来的业务根基。出现这种情况的原因部分在于，人们无法预测各式各样的支持技术和软件程序将如何发展，正是它们让个人计算机获得了巨大成功。这是情有可原的。一般来说，"必备要素"可能在某种情境下不会脱颖而出，在另一种情境下却会。

找不到替代市场。如果新产品面向的是错误的市场，也可能容易失败。联合果汁公司（Joint Juice）的创始人是一名骨科医生，他想生产含氨基葡萄糖（能有效缓解关节疼痛）的饮品，这是一个突破性的想法。公司最初的目标人群是年轻到中年的运动员，也由此产生了一系列决策，涉及产品内容、包装、分销方式和广告宣传。然而，联合果汁真正的目标人群应该是老年群体，他们从不同的渠道进入市场。后来，公司重新定位，挽救了局面。

细分品类市场太小，无法扩大规模。数十年来，可口可乐公司一直在回避瓶装水市场，因为市场"太小了"。现在看来，该决定是一次战略失误。实际上，细分品类的市场是可以增长的，还可能成为市场的主流。例如，面向女性的能量棒最终成了有价值的市场，耐克和星巴克成功扩大了自己原本较狭隘的价值主张。这些品牌的特征和利益都与更大的市场建立了联系。

潮流只会风靡一时。公司如果错过重要的潮流，也许会蒙受损失。1985年，经典自行车品牌施文（Schwinn）称山地自行车只是昙花一现，结果这极大影响了该品牌的市场地位，最终危害到企业的健康发展。

创造新的资产和能力是有风险的，也许会行不通。公司增加新资产，提升业务能力，甚至创造一套新的价值观和公司文化，这都是可行的，已经有组织成功做到了这点。若是制订好计划，这项任务也许会容易一点。此外，新的资产和能力的创造并不总依赖于公司的自然变化，还可能受到收购、合并或者合伙等因素的影响。因此，应该制订好计划，提供选择，让公司踏上变革之路。

在数字时代，变革显得尤为重要。如果不改变，公司就会失去相关性，产品生产就会与顾客意愿脱节。如果有一天公司发现，那些喜欢你的厢式旅行车的顾客，不再购买厢式旅行车，而是购买 SUV，并且公司已经失去相关性，那就太可悲了。在动态变化的市场中，不管有何风险，公司都越来越需要有敏捷的思维。

要觉察出乐观偏见和悲观偏见，最终还是要实际尝试，在数字时代尤其如此。这个概念源于艾迪伊欧公司开创的设计理念模型。先设计一个原型（粗糙版概念），将其投入市场进行测试，甚至正式发布，让公司从中学习并进行改进。此后，随着公司的修正和改进，进化版概念将不断发展。就算产品或服务存在缺陷，或者缺少关键的组成成分，公司也早晚会了解到相关的需求。在此过程中，很可能会暴露出顾客"不购买"该产品的重要理由，如果这些理由无法解决，公司就要思考该概念的可行性了。

回忆一下，易集在不到三个月的时间里就创建好了网站。虽然网站的质量还远不够好，但足以体现需求的存在，以及为了充分挖掘它的潜力，还需要做出哪些改变。沃比·帕克眼镜公司和 Nest 实验室首次亮相时，也和其"最终形态"相去甚远。

产品概念组合

每家公司都需要一个平衡的产品概念组合。公司不能只支持"全垒打"的明星产品，还需要纳入颠覆性产品，这就意味着要消除对"大"创新的偏见。如果这些创新都受到渐进性创新项目的排挤，被边缘化，那它们就很难实现增长目标。虽然明星产品能促进公司销售额的增长，但拥有"必备要素"的产品组合也至关重要，产品组合可以是某些细分品类的产品项目，处于不同的发展阶段，这能让组织资产分布到产品的不同阶段，有利于其健康发展。

公司应该有说"不"或"停止"的能力。有很多令人信服的理由能解释公司为什么要进行实质性或变革性的创新，来创建新的品类或细分品类。但是，为实现此目标，公司选择的产品概念必须受到市场的重视，具备可行性。叫停没有成功潜力的产品概念，可以将其资源用于其他可望成功的产品。

接下来，我们将讨论管理新细分品类的两大要素——打造标杆品牌和管理"必备要素"。

第 九 章

标杆品牌和管理"必备要素"

"最重要的事情决不能被一些小事打扰。"

——歌德（Johann Wolfgang von Goethe）

要想给市场带来颠覆性的改变，就需要成功地细分品类。该细分品类必须改变人们的购买对象，得到人们的喜爱，不管是面对现有的产品还是即将推出的产品，人们都是非它不买。那么，要如何管理细分品类，让它成功呢？

首要的就是努力让品牌成为能代表该细分品类的标杆品牌。人们能够通过标杆品牌了解细分品类。标杆品牌是产品的创新者和思想的引领者，也是知名度和可信度最高的品牌，在大多数情况下，它也是市场份额最大的品牌。

由于标杆品牌代表了某个细分品类，也是其中最重要的品牌，人们通过对该品牌的联想，能产生对整个细分品类的联想。所以，公司面临的挑战就在于建立和管理标杆品牌。

本章将先介绍标杆品牌的创建准则，再讨论标杆品牌面临的一大挑战：如何管理、强化、传播和充分利用"必备要素"——它是现有的细分品类和创建新的细分品类的基石。本章最后将讨论两类"必备要素"，即幽默特征以及社会或环境项目，它们超越了功能性利益，在连接性、参与性、传播性以及融入人们的生活等方面表现突出。

成为细分品类的标杆品牌

在创造和管理颠覆性细分品类上，标杆品牌能发挥出巨大的能量。它能决定细分品类的边界，并主导相关的品类语汇。强大的标杆品牌能够：

- 发展、控制并运用"必备要素"，帮助人们形成看待和评价该细分品类的方式。

- 为该细分品类建立知名度和可信度，并管理其形象。
- 培育并扩大核心顾客群。
- 给竞争对手设置壁垒，使其难以建立相关性。

从定义上看，标杆品牌是细分品类中知名度和可信度最高的品牌，因此也是与消费者相关性最高的选项。其他竞争对手的处境都比较尴尬，它们想定义自身品牌的相关性，但这只会强化标杆品牌的权威性和领先地位。

本书已经介绍了许多新细分品类的标杆品牌，如易集、普锐斯、沃比·帕克、Nest、企业租车、优衣库、丝芙兰、乔巴尼、KIND 和特斯拉。公司如何才能复制这些成功案例，如何才能成为标杆品牌呢？可以参考下列准则。

第一，**宣扬细分品类及其"必备要素"**，而非品牌本身。这种心态与"我的品牌优于你的品牌"的传统竞争大不相同。

标杆品牌代表了某个细分品类，并通过创造"必备要素"，改变了顾客购买和使用的产品。我们的任务就是要关注这些"必备要素"，将其视为具有颠覆性的载体。这就意味着，公司要让顾客以不同于以往的方式，看待产品的购买和使用体验。这样做的目的不是"战胜"其他品牌，而是创造一个全新的环境。其他品牌的产品并不适合新的细分品类，因此不具备相关性。由于标杆品牌的定位是"从细分品类的成功中获益"，所以公司有正当理由来投资创建该细分品类。然而，我们还需要一种不同的思路。

2000 年，巴克莱国际投资管理公司（BGI）认为交易所交易基金（ETF）有潜力成为一种主要的投资工具，了解它的人也相对较少。因此，巴克莱推出了与 ETF 相关的 iShares 系列业务，创建了该新细分品类。为此，巴克莱还制订了一项资金充足、涉及面广的多年计划，其中包括宣传事务；另外，它还组建了三个销售团队，分别负责财务顾问、教育研讨会和精心设计的网站。在上述努力下，该细分品类在金融界获得了广泛的知名度，巴克莱也成了其标杆品牌。

第二，**成为思想的引领者和产品的创新者**。想想细分品类的定义是什么，背后有什么根本的动机和逻辑。混合动力车、有机食品和手工艺品制作背后的"原因"是什么？驱动细分品类的愿景是什么？愿景中是否包含了某些流程、人物或产品应用的故事？标杆品牌就是要成为代言人，讲述这些故事。

此外，还要持续创新。标杆品牌要有活力，不断强化已有的"必备要素"，或者增加新的"必备要素"，以巩固和扩大顾客群，并充分利用该资源；公司要为标杆品牌及其细分品类增添活力；标杆品牌要成为"移动的靶子"，让竞争对手难以战胜。例如，在主题公园细分品类中，迪士尼乐园就是主题乐园中的典范，它拥有无限的"创想力"，能为顾客不断提供新体验和新服务。

第三，**选择正确的标杆品牌，管理细分品类的标签**。已具有一定资产的成熟品牌，有时不是新细分品类的最佳选择，因为它可能有不匹配新的细分品类的地方，或者无法反映新的活力。在这种情况下，公司可以从母品牌中分离出一个子品牌（如朝日"超爽"啤酒）或者背书品牌（如苹果公司的 iPhone 和达能公司的 Light & Fit 酸奶，后者是希腊酸奶的低卡路里细分品类）。这样一来，它既能与成熟品牌相区分，又能利用其可信度和知名度，从而减少了品牌建设的任务。

要想在某个细分品类中成功，公司除了塑造标杆品牌之外，往往还能创建并拥有品牌"标签"。1966 年，一款称为"雪浪板"（snurfer）的产品横空出世，它结合了滑雪的快感和冲浪的技巧，但是"雪"和"滑"这两个关键概念并没有从名称这个"标签"中跳脱出来。仅仅 10 年后，杰克·伯顿（Jake Burton）开始制作他心目中的"雪浪板"，他将其称为"伯顿滑雪板"（Burton Snowboard）。伯顿不断对产品进行改进，他把滑雪板与速度、活力和比赛联系了起来。这个新名字被广泛接受，人人都知道"雪"和"板"是什么，再加上快速"滑"的画面，割裂的产品形象终于完整。伯顿成功的原因有很多，其中产品名称这个"标签"起了关键作用。

公司的最终目标是让品牌成为该细分品类的代表，让品牌的名字成为细分品类的通称，被所有竞争对手引用。这些占主导地位的标杆品牌，通常必须花费一定的资源，来澄清自己的品牌名不是通用名称，竞争对手不应该这样使用。因此，在上述情况下，这类品牌都会进行沟通，并采取法律行动，例如"谷歌"（互联网搜索）、"气泡薄膜"（Bubble Wrap）、"泰瑟"（Taser，电击枪）、"爵士按摩浴缸"（Jacuzzi，按摩浴缸）、"吉普"（Jeep，运动型多功能汽车）、"罗勒布雷德"（Rollerblade，直排轮滑鞋）等。然而，也有一些品牌输掉了这场斗争，如"舒洁"（Kleenex，纸巾）、"Super Glue"（强力胶）、"Crock-Pot"（慢炖锅）、"膳魔师"（Thermos，真空保温杯）和"Ping Pong"（乒乓球）等。

第四，**成为市场销量和份额的早期领军者**。这不是说某品牌必须第一个进入市场，而是成为第一个推出正确产品的品牌，公司有资源且有意愿提高生产力，积极打造该品牌，也能充分利用新细分品类的成功。如果没有市场份额的领先优势，就很难成为标杆品牌，进而引导细分品类的发展。获得早期的市场领导地位会给竞争对手设置关键性壁垒。

因此，我们从中得到的一个启示是，公司要尽早在能力和市场上投资，承担风险，也许就像朝日和克莱斯勒一样，把公司的未来押在创新上。大多数成功创建了颠覆性细分品类的品牌，都抓住了核心顾客群，能在竞争对手反击之前，迅速成长起来。

管理"必备要素"

"必备要素"是标杆品牌的驱动力，因此也成了细分品类的驱动力。公司要识别和优先考虑"必备要素"，并将其变成现实，也要继续强化、积极传播并充分利用该"必备要素"。公司必须增加新的"必备要素"，以使顾客满意，并为标杆品牌和细分品类提供活力。

识别和优先考虑

"必备要素"也许受到公司青睐的时间有限，不久之后，公司便会转向其他有潜力的产品，并将某个定义的"必备要素"视为理所应当，这也是一种危险。为了避免这种情况发生，就需要识别出"必备要素"并确定其优先地位。在绝大多数情况下，"必备要素"应同时具有定义性和战略性。公司有时会根据市场的力量和新顾客的类型，对"必备要素"进行调整，但它应该作为标杆品牌的一部分，得到公司的培育，而非忽视。

公司应该评估每一个"必备要素"的重要性，看它在定义细分品类，赋予细分品类意义、能量，以及吸引核心顾客群的能力等。它的"必备性"有多强？顾客是否会一直坚定地选择它？其受众面是否广泛？是否具备差异性？是否能给竞争对手设置壁垒？其重要性是否会一直存在？这些问题都必须考虑。

公司为创造标杆品牌及其细分品类激发活力、提高知名度和创建兴奋点时，"必备要素"扮演了尤为重要的角色。因此，公司通常要优先对"必备要素"进行短期宣传（尤其在刚开始时），并进行长期投入。从短期看，"必备要素"能让顾客更有激情，对使用体验更满意，也更愿意分享给他人。

正如在第一章及本书其他章节中指出的那样，"必备要素"通常具有层级性。更高层级的或伞状的"必备要素"不仅能为细分品类提供定义、赋予意义，往往还发挥了战略性作用。它应该引导标杆品牌，形成支持性的"必备要素"，为更高层级的或伞状的"必备要素"增加内涵和活力。

例如，优衣库的创新面料就是更高层级的"必备要素"，由"HeatTech""AIRism"和"LifeWear"系列产品进行支持；爱彼迎的"必备要素"，即"企业家房东"，就有旅馆简报、线上社区中心和年度房东活动作为支撑；乔巴尼公司创建了"希腊酸奶"细分品类，该更高层级的"必备要素"就得益于众多"必备要素"的支持，如奶味更浓郁、营养成分（如蛋白质、糖和热量）更合理，包装更独特。

执行力

对于所有"必备要素"而言，高水平的执行力至关重要。就算公司开始感到厌倦了，也不会减少对卓越的追求。执行力的降低不仅会削弱标杆品牌和细分品类，还可能无法达到既定的期望，进而导致不满。本书反复讨论了执行力这个主题，第十章会再次涉及。执行力是公司运营的基本要素，但在面对更令人兴奋的创新时，其优先地位常会受到损害，这也许会成为致命的错误。

企业租车虽然承诺"我们来接您"，但又很容易"妥协"，因为它往往情况不便。不过，它还是公司必须提供的一个标志性"必备要素"。Nest温控器为了实现其功能性和可靠性的承诺，必须确保产品设计能够应对各种挑战，产品质量高，服务系统运行流畅。这些都需要投入大量的资源和精力。

丝芙兰在美妆达人社区方面的执行力很强，不仅保证了该线上社区的新鲜感，使其易于使用，而且提供了让人满意的社交体验。从某种程度上说，这都要归功于丝芙兰专家的参与，以及网络平台的建设，从而满足了不同需求，汇集了各类观点。此外，在美妆顾问和高科技辅助工具（如 Color IQ 和 InstaScent）的帮助下，丝芙兰的门店体验也极佳。

从第一天起，谷歌搜索引擎的首要"必备要素"就包括高速、实用性和易用性等。谷歌的界面简单而整洁，即纯白色背景配上搜索框——谷歌从未做出任何妥协。相反，雅虎和其他竞争对手认为，搜索引擎应该是一个平台，能增加用户所需的其他功能，如新闻、天气等网站的链接。结果，这些搜索引擎让用户感到困惑，不仅如此，搜索的速度和结果的清晰度都落于人后。最终，坚定支持这一"必备要素"的谷歌获得了回报，至今为止，它仍是搜索引擎的领军品牌。

卓越的执行力与文化和衡量有关。企业文化、相关人员、运营程序和公司价值观都应起到支撑作用。"必备要素"是否融入了公司文化？你在描述公司时，是否会提到它？在策略层面，卓越的执行力需要进行衡量，要追踪公司兑现承诺的能力，识别业务表现下降的迹象。

用"必备要素"为颠覆性细分品类搭建框架

"必备要素"带来的联想会对人们的思维、认知、态度和行为产生影响，这就是框架。人们对某细分品牌及其标杆品牌产生联想，提供了一种感知环境，进而影响其处理或歪曲信息，也影响品牌改变顾客态度和行为。

搭建框架很重要。例如，能量棒的目标人群是运动员、上班族还是女性？它是作为营养品、早餐、蛋白质还是减肥餐？这点很重要，因为它不仅会影响顾客的信息处理和购买决策，还会影响产品体验。如果你想购买一款针对女性的能量棒，但产品包装十分男性化，那么，即使这款能量棒的营养成分再好，也未必合适你。也就是说，虽然它是一个好的选择，却永远没有上场的机会。

再如，倘若有人认为，洗衣服的目的是让衣服的颜色更鲜亮，那么该想法就会影响他解读洗涤剂广告的方式，以及对洗衣体验的看法。他会对清洁衣物的"色彩鲜艳度"很敏感，然而，关注点不同的顾客也许根本注意不到这个维度。此外，多芬注重香皂和洗发水的保湿性，因此，多芬的用户也会考虑产品的这一特性；对于全食超市的忠实顾客来说，他们在处理食物零售商提供的信息时，会优先考虑有机食品。

行为经济学家伦纳德·李（Leonard Lee）、肖恩·弗雷德里克（Shane Frederick）和丹·艾瑞里（Dan Ariely）曾做过一系列实验，形象地说明了上述观点。学者们找来数百名志愿者，让他们品尝两种啤酒的小份样品，再从中选择自己想喝的啤酒：一种是像三姆啤酒（Samuel Adams）这样的高端啤酒，另一种则添加了一些巴萨米醋。当学者告诉一组志愿者，两种选择都是啤酒时，绝大多数人选择了加了醋的啤酒；当学者告诉另一组志愿者，第二种加了醋时，绝大多数人选择了未加醋的啤酒，还十分排斥加了醋的啤酒。由此可见，选择方式给人造成的影响远大于味觉上的"证据"。

强化"必备要素"

"必备要素"不应该保持一成不变，而应该不断进行强化。其目标在于提高顾客满意度，为标杆品牌和细分品类注入活力。我们看到几乎所有的案例都反映了这个特点。公司创建了"必备要素"后，需要花多年的时间，以某种方式对其进行改进或扩展。在数字时代尤其如此，因为一切都在动态变化。如果不改进，产品就会失去其市场活力和地位。例如，T-Mobile 改变了电信行业，公司多年来不断更新客户套餐（或非套餐），使其更加贴近品牌，更易使用；爱彼迎最初只是在旅馆爆满的城市提供租房，后来对其服务进行了极大的扩展和改进。

亚马逊金牌会员的配送业务是该品牌的一项"必备要素"，并在这方面领先于竞争对手。亚马逊努力信守"两日送达"的承诺，有时在一天甚至几个小时之内送达。不仅如此，金牌会员还在不断增加新功能，例如，金牌会员视频（Prime Video），能提供丰富的无广告视频节目资源；金牌会员音乐（Prime Music），囊括了数百万首歌曲，会员可自定义播放列表；金牌会员日（Prime Day），可为会员提供独享优惠。

用故事传播"必备要素"

公司有必要向所有人介绍"必备要素"。如果"必备要素"的品质能让人不禁发出"哇"的感叹，它其实就是在自我宣传，自然会让人们口口相传。不过一般而言，公司需要制订方案，以传播颠覆性"必备要素"的真正价值。要突破这个难点，公司还是要讲好标签故事。

第六章讨论了故事的力量，这在数字时代尤为重要。通过描述和事实来呈现"必备要素"往往还不够，因为受众并没有产生兴趣。人们面对的信息太多，往往心存怀疑。然而，标签故事能引起人们的共鸣，建立联系，并避免出现质疑的看法。人们会记住标签故事，并把它讲给别人听。所以，公司的挑战是寻找顾客或员工的故事，这个故事要非常有趣，能够表达出某种情感或者带有娱乐性，并传达出"必备要素"的信息。

想象一下爱彼迎体验的故事，它可以是一次美食之旅，也可以是一次难忘的徒步旅行，两者都与品牌相关。这类故事是爱彼迎的重要"必备要素"，因为它们展现了爱彼迎提供给顾客的体验，这是酒店无法做到的。这些故事的传播效果比任何"爱彼迎体验"选项都更好。

充分利用"必备要素"

充分利用"必备要素",将标杆品牌延伸到其他产品领域,这是公司实现增长的一种可行途径。当然,品牌延伸必须与品牌相符(至少不能与之冲突),这对核心顾客群来说才有意义。

亚马逊就是一个经典的例子,从销售图书发展为销售"百货",公司的每次业务扩展,都充分利用了其处理物流和交易的能力。无品牌旨在去除"品牌税",并以健康和环境敏感性为标准进行筛选(即品牌的基本"必备要素"),为了充分利用"必备要素"和相关核心顾客群,公司不断增加产品的类别。KIND 公司推出了几十种产品,不仅扩大了市场,更重要的是为其细分品类带来了活力,创造了更多的产品空间。另外,就连产品焦点明确的品牌也能进行扩展,比如一美元剃须俱乐部就增加了牙刷、除味剂等产品。

添加新的"必备要素"

通过创新促进"必备要素"逐渐发展,这毫无问题。然而,要保持细分品类的活力和魅力,更好的办法就是增加新的"必备要素"。对涉及服务的新细分品类而言,其中大多数的成功案例都会定期增加"必备要素"。爱彼迎就是一个好例子,在支持房东方面,公司很早就提供了照片展示上的帮助,后来又增加了旅馆简报、线上社区中心、优秀做法分享、导师计划和年度房东活动。

公司更容易关注具备功能性利益的"必备要素",因为公司认为顾客是理性的,愿意选择实用的产品或服务。然而,顾客往往对功能性利益不感兴趣,或者持怀疑态度。这就让"必备要素"的管理复杂化了,公司需要应对许多方面的挑战，包括优先级别、执行力，以及强化、宣传、利用和增加新的"必备要素"。

面对这类挑战的标杆品牌，可以考虑超越功能性利益的"必备要素"，将其纳入某细分品类。第一章列举了许多"必备要素"，如组织价值观（如以顾客为中心），共同的热爱等。这类"必备要素"能更好地与人们建立联系、传播品牌，来获得人们的关注，改变人们的看法，让品牌口口相传。

为做进一步讨论，我将介绍两个超越功能性利益的"必备要素"：第一，标杆品牌及其细分品类的特征（尤其是幽默）；第二，社会或环境项目。

"必备要素"的特征：以幽默为例

从某种程度上说，特征能够定义一个标杆品牌。于是，品牌和顾客群之间建立的联系便成了"必备要素"，让品牌脱颖而出，还能为战略性/战术性的决策和计划提供指导。我们可以看到，大量颠覆性细分品类的标杆品牌都塑造了强劲的个性，如易集（独立手工艺人）、丝芙兰（美容护肤的指导者和爱好者）、KIND（寻找善良的行为）和特斯拉（关注环境的机械天才）。

人们经常会忘记"幽默"这种特征。幽默不一定适合所有的品牌，也不一定适合所有的情境，但是，幽默一旦适用，它就能为标杆品牌带来极大帮助，包括其传播方式、与顾客的关系等。如果某品牌是市场中的挑战者，并能从"不落俗套"和"坚决态度"中获益，那么，在这种情况下，"幽默"通常能发挥很好的作用。

有的产品可以具备幽默特征，下列两个经典的颠覆性细分品类就受到了这类产品的驱动。

一是可爱的大众甲壳虫（Volkswagen Bug）。该系列汽车设计独特，与众不同。其自嘲式的广告被《广告时代》（*Advertising Age*）杂志评为"20世纪的最佳广告"，比如"想想还是小的好"（Think small），"丑仅是表象"（Ugly is only skin deep），以及"不良品"（Lemon），品牌还以甲壳虫车为原型推出了五部"万能金龟车"（Herbie the Love Bug）系列电影。以上种种还推动了品牌社区的创建，大众甲壳虫的车主们在路上相遇时会相互按喇叭致意。1972年，大众甲壳虫的累计销量达到1500万辆，超过福特T型车，成为历史上销量最高的车型。

　　二是美国西南航空公司。在20世纪60年代末，它在得克萨斯州的三座城市之间，创建了独特的"低价"细分品类。人们一般会期待航空公司展现出严肃和专业的特征，而西南航空公司却大不相同。空乘人员的制服色彩鲜明，广告也很有趣。公司的首席执行官喜欢"搞怪"，所有的服务接触点都充满幽默感。该航空公司的机内通知非常搞笑，甚至在今天，很多仍在被人们疯传。相较之下，其他航空公司的乘机体验就显得沉闷和紧张。幽默影响了公司与乘客的互动，提高了飞行的体验，塑造了宝贵的公司信誉。此外，幽默还给员工带来了积极影响，自1987年以来，该公司员工每年都会获得"最佳服务奖"（以美国交通运输部收到的投诉为基础进行评选），而且还在不断进步。2019年，西南航空成为载客量领先的美国航空公司。

　　能否用幽默包装功能性的甚至乏味的产品，使其成为特征分明的品牌？高端破壁机品牌柏兰德（Blendtec）就通过一系列视频推出了"这能搅碎吗？"（Will it blend？）挑战。品牌创始人汤姆·迪克森（Tom Dickson）把iPod、弹珠、人造钻石等物品放入柏兰德破壁机，这些玩笑般的实验非常幽默，而且总能得到肯定的答案。公司在近乎零预算的情况下，视频获得了3亿多次的浏览量。回想一下，在第四章中介绍的一美元剃须俱乐部，最初也是通过幽默夸张的视频，让公司一炮而红；不仅如此，公司还随剃须刀刀片寄出《洗手间读物》，其中的奇思妙想不断给顾客带去欢笑。

幽默可以产生多种效果，例如：

- 打破了基本的沟通障碍，用娱乐性吸引人们参与交流。
- 成为故事的一部分，让人印象深刻。
- 宣传品牌，甚至改变顾客的认识和态度，这是因为它打消了人们提出质疑的念头。
- 幽默能告诉顾客，标杆品牌、细分品类以及产品背后的公司并非以自我为中心，而是关心顾客、讨人喜欢的。
- 能使品牌员工和其他代言人提供更轻松、更愉悦、效果更好的顾客互动体验。

公司的标准做法是给标杆品牌定位，用于代表需要传播的品牌联想，然后制订方案，开始实际宣传。不过，退一步来说，"完美"的定位也许难以达到宣传目的，相较之下，"不太完美，但仍有效果"的元素（如品牌个性）可能有更多真正有效的宣传途径。若是这样，公司在完善品牌定位时，就可以拔高品牌个性等维度的地位。

"必备要素"的社会或环境项目

社会或环境项目加上标签故事就能成为"必备要素"，创建新的细分品类，或者加强已有的细分品类。想想第六章介绍的巴克莱"数字鹰"项目，该项目旨在帮助人们使用数字工具，让信任度最低的行业中信任度最低的品牌巴克莱实现了逆风翻盘。

卫宝于 1894 年推出除菌皂，在了解到每年有 200 万儿童活不过五岁后，卫宝于 2013 年在印度开展了"让每个孩子活过五岁"计划。如果孩子们能科学地洗手，就能避免很多这类死亡。公司制作了几个三分钟短视频，介绍该项目为三个村庄带来的影响。观众在观看的过程中，会逐渐了解那些情节扣人心弦故事：母亲为孩子成功活过五岁而感到高兴和宽慰，或者为孩子在五岁前夭折而感到悲伤。观众对此产生了深深的共鸣。这三个视频的点击量超过 4400 万次，帮助卫宝实现了改变 10 亿人洗手习惯的目标，这也许能每年防止 60 万儿童死亡。"让每个孩子活过五岁"的计划本身就是一个颠覆性细分品类；更重要的是，这让卫宝不仅是一块香皂，还有了自己的细分品类，从而获得了人们的尊重和喜爱，形成了共同的价值观。

社会或环境项目可通过三种方式影响品牌，并让顾客排除竞争品牌。第一，许多人衷心希望能够和值得信赖的好人建立关系。他们认为社会项目能反映公司的价值观。例如，赛富时的"1-1-1"模式[⊖]激励了近百家其他公司，它们都实行了类似的计划，得到了人们的尊重和钦佩；巴塔哥尼亚公司对环保充满热情，发起或加入了许多相关项目，这些都让其忠实的顾客群更加牢固。总的来说，那些庞大且不断扩大的顾客群都会支持那些致力于社会或环境项目的公司。

第二，强大且知名度高的社会或环境项目能为顾客带来自我表达利益，对关注社会或环境问题的用户来说尤为如此。例如，许多普锐斯和特斯拉的车主就获得了显著的自我表达利益，人们看到他们的车，就知道他们确实为环保贡献了一分力量。丰田以普锐斯为旗舰品牌，开展了数十个环保项目，其社会项目在日本和北美都占据了领导地位，为人们定义了一个细分品类。

第三，社会或环境项目可以为品牌增添活力，让枯燥乏味的品牌变

⊖ "1-1-1"模式，即鼓励员工至少抽出 1% 的个人时间参与志愿活动，把 1% 的公司产品捐给非营利组织和高等教育机构，以及将公司 1% 的股权捐献给基金会。——译者注

得有趣。这类项目能给品牌带来活力，提高其知名度，还能让故事发挥作用，与人们建立联系。如果卫宝宣传的仅仅是香皂，那么它永远无法获得 4400 万次的浏览量和公司信誉。第二章列举的多芬案例也是如此。多芬围绕树立自信的主题，开展了许多项目，讲述了许多故事，没有将"真正的美"仅仅定义为年轻和苗条，而是强调了内在美的重要性。这样一来，多芬在护肤品中创建了一个新的细分品类，收获了一批坚定的支持者。在该项目推出的众多视频中，有一个视频在 YouTube 上获得了 7500 万次的点击量。如果只有故事的塑造以及多芬产品的宣传，观众是不会产生上述情感共鸣的。多芬创建了自己的细分品类，收获了一群认为内在美对自信来说至关重要的顾客。

接下来的第十章，本书将讨论如何设置壁垒，阻碍竞争对手。

构建壁垒：保持"必备要素"

"永远要追求竞争对手无法复制的战略。"

——吉姆·麦克纳尼（Jim McNerney）

波音公司前首席执行官

无印良品（MUJI）是一家以高品质和极简主义设计著称的日本零售商，它独树一帜，拥有自己的细分品类。无印良品已经创建了许多"必备要素"，给潜在竞争对手设置了壁垒，其广度和深度都在逐年增加。因此，无印良品毫无疑问是一个无法被复制的品牌。

无印良品：一个"没有品牌"的品牌

无印良品是全球顶尖的零售品牌之一。自 2000 年起，名为"日本品牌"（Brand Japan）的品牌调查项目每年都会评估日本 1100 个品牌的号召力，多年来，无印良品一直位居前 30 名，通常为前 20 名——除了无印良品，只有另外三个品牌取得了这样的好成绩。无印良品在 1983 年开设了第一家店，35 年后，其门店数量超过了 1000 家，主要销售服装和家居用品，其中超过 60% 的店铺位于日本以外的国家和地区。无印良品为顾客提供了大量情感利益和自我表达利益，很少有品牌能超过它。然而，无印良品的品牌愿景竟是做"没有商标的优质商品"！它认为自己是一个没有品牌的品牌。

无印良品非常重视简约、实用、适度、谦逊、自我约束、平和与自然。其理念是提供人性化的产品，不求最好，但求"够用"。够用并不意味着妥协和顺从，而是知道产品将能满足需要，但不会超过需要，进而产生的一种满足感。无印良品的衣服风格平淡无奇，多为白色或米色，没有艳丽的色彩，因为米色就足够了；衣服正面没有商标，也没有挂牌，衣服内侧也没有——挂牌对顾客来说有什么用呢？

无印良品销售的家具、厨具、电器、办公用品甚至房屋（你能想象塔吉特百货公司卖房子吗），看起来都非常实用。它们都没有不实用的装饰或功能——这会让生活复杂化，降低可靠性；它们与人们的日常活动融为一体，外观简约，能够给紧张的生活带来平静感。无印良品的设计目标也融入了环保意识，体现在材料选择、废物处理、产品制造和包装方式等方面。2004 年，无印良品推出预制木结构房屋系列，"一户建"（one-room house）的设计极具吸引力，可应住户和需求的变化而不断调整。

无印良品的目标虽然是简约和实用，其设计却十分吸引人。该品牌获得过数项设计大奖，一些产品也是顶级设计师的作品——不过，无印良品不会宣传设计师是谁，这不是它的风格。

无印良品销售的是高质量产品，价格也相对较低。品牌最初的口号是"有理由的便宜"，旨在说明价格低是因为产品没有花哨的装饰，包装朴素，制造工艺精简，而非质量不高。

在银座这类华丽的购物中心里，充满了争相提高自身档次的品牌。有人说，无印良品就是对这种浮华的一种回应。无印良品反对华丽，明确希望消除自我表达利益——路易·威登（Louis Vuitton）的标签就与其截然相反。讽刺的是，这种消除自我表现利益的愿望反而带来了自我表现利益。无印良品的顾客不是在寻找特定标签的品牌，但他们实际为自己购买无印良品的产品而感到自豪。

无印良品心系自然。它从树木、徒步小径和海滩中汲取能量，而且还拥有两个保持着原始状态的大型公园。无印良品拥有真正的资质，是日本的环境领军品牌。

无印良品总是给人以平静之感。店内播放的音乐让人心情舒畅，氛围轻松，为人们带来极具日式特色的情感利益，获得了人们的认可。从本质上来说，无印良品是一种生活方式，给人的感觉也和其他品牌不同。例如，爱芙趣（Abercrombie & Fitch）等服装品牌会给人留下嘈杂的视觉和听觉感受，无印良品却截然不同。

无印良品在其细分品类中，几乎从未遇到真正的竞争对手，这显示了它所创造的壁垒的力量。无印良品的价值观和文化包括简约、实用、平和以及亲近自然，这些丰富和独特的特质令人信服。无印良品是其所做一切的结合体。梅西百货（Macy's）就不可能开辟一个子品牌，并提供无印良品风格的产品——这是不可能发生的。

片平秀贵（Hotaka Katahira）是日本著名的品牌学者，他的一项研究显示了无印良品在其细分品类中的主导地位。他找来 7400 名受访者，询问他们最喜欢什么品牌，以及为什么喜欢。使用了"简约"一词的受访者中，有超过 50% 的人是无印良品的忠实顾客。在纷繁复杂的世界里，"简约"是一个十分重要的概念，而无印良品在该概念上占据了主导地位。

无印良品在深圳、北京和东京银座开设了酒店，充分利用并强化了其品牌和市场。由于该品牌非常独特，定位清晰，所以顾客知道无印良品酒店会是什么样子，正如顾客知道乘坐迪士尼游轮会收获哪些体验一样。顾客知道无印良品的家具是什么风格，会给人带来什么感受，服务体验会是怎样的。顾客们都知道。

构建壁垒

要创建新的颠覆性细分品类，品牌就要有一个不存在竞争或竞争被大大削弱的阶段，从而产生高于正常水平的可观利润流。这种势头会为品牌带来可持续的重要市场地位。然而，问题在于成功的新细分市场会吸引寻求增长的竞争对手，因此品牌面临着构建壁垒的挑战。迈克尔·波特（Michael Porter）在其开创性著作《竞争战略》（Competitive Strategy）中，从基本的经济学出发，观察了阻止竞争对手进入市场的壁垒，是如何帮助品牌强化当前和未来的利润前景的。

壁垒的形式有很多。其中，专利技术便是一种强大的壁垒，专利能让产品得到来自法律或者复杂、昂贵且难以复制的能力的保护。丰田普锐斯就得到了许多先进技术的支持，虽然这些技术的重要程度各不相同，但总的来说，要与它们匹敌，进而在普锐斯所在的细分品类中获得相关性，这绝非易事。

不仅如此，大规模的投资——不仅是资金，还有人员和时间——也能让竞争对手望而却步。例如，想想企业租车建设的所有零售点和组织构架，如果要复制这一切，成本该有多高。面对投资回报率分析，竞争对手将艰难地决定是否进入该市场；麒麟一番榨啤酒，其生产制作过程十分复杂，成本高昂，阻止了其他公司进入该细分品类；1980年推出的美国有线电视新闻网在设施和人员上投资巨大，这也是福克斯新闻（Fox News）和微软全国广播公司（MSNBC）花了16年的时间，才得以与其相竞争的原因之一。整整16年啊！

此外，还存在八种顾客面对的壁垒（见图10-1），它们主要是由营销计划驱动的，一般所有"重大创新"都具备。每一种壁垒都会防止或阻止竞争对手获得相关性，无法在新的颠覆性细分品类中成功。无印良品就构建了除"品牌化创新"以外的其他壁垒。

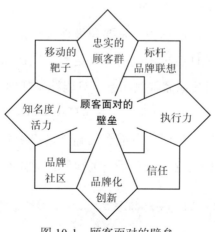

图 10-1 顾客面对的壁垒

忠实的顾客群

　　忠实的核心顾客群可能是竞争对手面临的终极壁垒。对较迟进入市场的竞争者而言，它们需要吸引那些对该细分品类不太感兴趣的顾客，或者"挖走"其他品牌的忠实顾客——两项任务的难度都很高。当潜在的竞争者分析进入新细分品类的利弊时，会发现建设自己的顾客群体并非易事。

　　因此，标杆品牌早期的目标之一就是推广"必备要素"，以品牌承诺为基础，让顾客感到兴奋和激动（至少是高兴和满意），进而创建忠实的顾客群。可能的话，转移成本[⊖]还能促进顾客忠诚度的培养。在没有"不购买的理由"的情况下，即使转移成本不明显，对产品的熟悉度和习惯的力量也能形成市场惯性。

　　这种逻辑意味着，公司的当务之急是快速增长，就算看起来风险大、成本高，也要建立标杆品牌的顾客群。对于数字驱动或赋能的颠覆性细分品类来说，更是如此。因此，公司需要有运用数字传播工具的能力，以及早期投资的资源。如果公司没有大胆的增长措施，就等于敞开大门，任凭竞争对手建立自己的顾客群。

　　通常，公司必须做出选择：是要积极地提高销售量？还是更加慎重地减少投资和风险，日后再不断完善？更积极地选择能够创造并充分利用忠实的顾客群，当其他品牌只愿意也只能够复制创新产品时尤为如此。标杆品牌与越多的顾客建立联系，忠诚度的驱动因素发挥的作用就越大。

　　公司在投资标杆品牌时，可能会面临来自组织其他选项的阻力，以及"赢家"错误判断或竞争对手反击的风险。风险可能很高，但是仍然

　　⊖　转移成本，指顾客终止与某公司的顾客关系，转而与其他公司建立新关系时产生的成本。——译者注

值得一试。当初，朝日"超爽"啤酒和克莱斯勒迷你厢式旅行车在一开始就扩张，"以公司的未来为赌注"，进行了投资。两家公司当时都处于生死边缘，必须成功。当然，这两家公司都成功了，并在很长一段时间中保持了胜者的地位。

其余七大壁垒都很难应付，部分原因是它们和创建并扩大忠实的核心顾客群相关。

具有实质和广度的标杆品牌联想

强大、有意义的联想可以建立坚实的壁垒。标杆品牌拥有的不仅是颠覆性细分品类，还有定义该品类的关键"必备要素"的关联。想想易集、亚马逊、沃比·帕克、Nest、普锐斯、特斯拉、T-Mobile 和 KIND，它们都拥有定义并驱动细分品类的基本联想，还具备实质性内容。以易集为例，品牌成功吸引了忠实的手工艺人，以及有创意、有想法的买家，他们是品牌联想（如手工艺品市场）的基础。这些品牌都开创了各自的细分品类，并保持了实质性的领先地位——这可不是说说而已。它早期在市场上取得的成功起到了支持作用，增加了人气，提高了说服力。

最难破除的联想壁垒一般都超越了功能性利益。正如第九章所述，复制或看似复制功能性利益的做法是比较容易的。相较之下，超越功能性利益的联想更加独特，也更难被复制，如标杆品牌的个性、社会项目或其他扩展。有的联想可能与公司的文化和价值观相关，几乎总是独一无二的。

标杆品牌和细分品类因其品牌个性而充满活力，让顾客有理由与该品牌建立联系——有时连他们自己都没有意识到。品牌个性可以促进功能性利益的传播。例如，引言提到的易集的特点（创新、独立和热爱手工艺品）就能让顾客了解一些该平台的买卖体验；第二章提到的 T-Mobile，其勇于打破规则的特点，对公司的"去运营商化"战略起到了支撑作用。

社会或环境项目（如第九章介绍的卫宝"让每个孩子活过五岁"计划），能成为细分品类中具有辨识度、充满活力的"必备要素"。它们不仅反映了组织的形象，还提供了顾客关系的链接，吸引了那些对社会项目感兴趣甚至充满热情的顾客。对手公司很难建立能与之匹敌的顾客关系，原因部分在于：复制此类项目并不可行，而且它也是一家公司长期计划和承诺的一部分。

每次都能兑现承诺的执行力

当品牌能以卓越的执行力兑现承诺并且始终如一时，它就能给竞争对手设置壁垒。这种卓越的执行力能让一般用户转为忠实用户，让忠实用户成为坚定型忠实用户。它能给顾客带来意想不到的满足感和成就感，甚至是"超出其想象"的体验，让顾客对这段关系产生好感。

也许更重要的是，如果品牌能始终如一地兑现承诺，不让任何扫兴的小毛病或限制出现，顾客就没有理由去尝试其他的细分品类或品牌。许多"不购买的理由"将不复存在。于是，品牌将拥有一个坚定的顾客群。竞争对手要付出高昂的代价，才有可能得到他们的关注。亚马逊能牢牢抓住顾客的关键因素之一，就是具有持续提供卓越体验的能力。

要想给顾客提供卓越的体验，通常公司都要有相应的价值观、制度和忠诚提供支持的服务人员。复制其他公司的行为看上去很容易，但实际上是要复制它们的"本质"，这就很难了。诺德斯特龙能够提供优质的服务，基于该实力，它定义了一个细分品类。很多人想复制它的成功，但是，如果没有佣金制度（或销售额提成制度）、没有经过培训的导购员与顾客互动、没有给员工授权处理顾客问题（与顾客打交道的唯一规定就是"没有规定"）、没有"顾客满意第一"的公司文化和价值观以及一系列顾客美谈，那么就无法成功复制诺德斯特龙的做法。第六章中提到一个经典的真实故事：虽然诺德斯特龙不销售轮胎，员工还是成功给一名顾客的轮胎进行了退款处理。这也许只是个案，但它说明了诺德斯特龙的独特性，难以被其他公司复制。

企业租车之所以能成为主导品牌，原因之一就在于其服务系统。为了满足保险公司的用车需求，企业租车开发了自动租车管理系统（ARMS），并申请了专利。该系统提供了电子界面，能进行预约、计费、支付等操作。因此，保险公司能顺畅并高效地与企业租车打交道。企业租车还为大型公司提供车队管理服务，包括决定车队概况、车辆购置和管理所需的服务。企业租车为保险公司和大型公司等组织开发了上述基础设施，由此产生的顾客黏性很难被对手超越。

有时，人们宁愿冒着损害品牌承诺的风险，也想降低成本。如果产生了这种念头，请想想舒立兹啤酒（Schlitz）的教训。舒立兹啤酒曾和百威啤酒（Budweiser）共同引领了美国啤酒市场，但它为了降低成本，改变了酿造工艺。虽然调整后的啤酒通过了所有口味测试，但是存放时间如果过长就会走气。人们知道后，舒立兹啤酒便失去了一切。就算改回原来的工艺，就算在举世瞩目的"超级碗"（Super Bowl）上进行现场口味测试，也无济于事。比起产品、品牌和顾客，公司更关心成本和利润——这是舒立兹无法挽回的残酷事实。

信任

公司不能停留在卓越的执行力上，还要走得更远。它要向顾客展示，标杆品牌背后的公司是关心顾客的，也有能力和动力去实现品牌承诺。在我看来，这就是信任的本质。顾客很难拒绝一个值得信赖的标杆品牌。

信任至关重要，维护起来比过去也越加困难。名为品牌资产标量
（Brand Asset Valuator，BAV）的全球品牌评估数据库的数据显示，2001
年，在信任维度上得分高的品牌比例为55%；2011年，该数据下降到
23%；2017年，又下降到18%。当然，美国人对很多组织或机构都失去
了信任，然而，该品牌数据还是给我们敲响了警钟。

品牌通过不懈的执行力来培养信任，但它必须具备真实性和可信性。
真实性是指品牌不是模仿或假冒其他的品牌。它也许不是先驱者，却是
第一个把产品做好的品牌，并且有足够信心把其独一无二的产品推向市
场的创新者。可信性是指人们认为标杆品牌所在的公司具有实力，拥有
实现承诺所需的资产、流程、人员和价值观。

公司的价值观由传统、文化和项目支撑，显示其品牌承诺是值得信
赖的。例如，无印良品讲述了一个价值观和生活方式的故事，展示了品
牌激情和承诺的来源，赢得了人们的信任。公司还可以介绍标杆品牌是
如何实现承诺的（包括相关资产和技能），以此获得人们的信任。例如，
可以让人们线上虚拟参观研发实验室或生产过程，更好地讲述品牌故事。
此外，公司可以表明自己不仅重视销售额和利润的提高，更是将帮助顾
客和员工放在首位，这也是信任的一个来源。社会和环境项目能促进尊
重和信任的培养。

当那些所谓的大品牌发展缓慢甚至停滞不前，试图打压那些充满活
力和敢于创新的弱者时，信任壁垒就显得尤其坚固。想想引言中介绍的
朝日"超爽"啤酒，它是干啤酒细分品类里的先驱。以拉格啤酒长期领
跑啤酒市场的麒麟公司，在不到两年后，就推出了类似的竞争产品——
麒麟爽啤。尽管两个牌子的啤酒口味相当，麒麟还是失败了。麒麟爽啤
缺乏真实性，部分原因是它无法匹敌朝日给人的品牌联想，即西式、年
轻和时尚。

品牌化创新

品牌创新面临的挑战是，要尽可能长时间地拥有"必备要素"，避免受到颠覆性细分品类"噪声"的干扰。一种方法是品牌化，创造品牌化的"必备要素"。在一段时间内，为品牌提供有意义、差异化的功能、成分、技术、服务或项目，都可以称为品牌化创新。公司应该积极管理这类创新，并用其创造一个"必备要素"。从很大程度上说，亚马逊的成功和强大要归功于其品牌化的"必备要素"，如一键购买和金牌会员。

品牌化的"必备要素"要对顾客有意义，并能长期支撑顾客关系。例如，爱彼迎就能给顾客带来独一无二的"冒险"经历，并帮助房东吸引房客、与众不同、赚取收入。爱彼迎不断用新的体验和代言人来更新产品。再如，一美元剃须刀俱乐部的品牌化的"必备要素"是《洗手间读物》，很多核心顾客都期待收到这份幽默的日常生活读物。1999 年，威斯汀酒店推出定制床垫"天梦之床"，在拥挤而混乱的且难以实现差异化的床垫品类中，它成了品牌化的"必备要素"的创新。十多年来，这款品牌化床垫影响了人们对威斯汀酒店的看法和入住选择，至今仍然对其核心忠实顾客有影响。

如果有故事来支撑品牌化创新或"必备要素"，效果会更好。以宝洁护肤产品 SK-Ⅱ 和 Pitera⊖为例，早在 20 世纪 70 年代初，SK-Ⅱ 的研发人员就在全世界寻找一种"神奇"的护肤成分。后来，团队偶然得知，日本清酒酿造厂里的老妇人虽然脸上布满了皱纹，但双手由于经常接触发酵过程中的酵母，看上去十分白净细嫩。研发人员在实验室里进行了五年多的探索，终于从 350 多个研究对象中的酵母菌株中找到了答案。这种酵母菌株成了 Pitera 的基础，Pitera 由多种营养成分组合而成，能显著

⊖　"Pitera"是覆膜孢酵母发酵滤液，是 SK-Ⅱ 的专利成分。——译者注

改善肤质，让皮肤自然地年轻化，变得柔软和光滑。1991 年，保洁公司收购 SK-Ⅱ 系列产品，开发了一系列护肤品，并通过卓越的店内体验和美容咨询服务，开发了一种护肤方案；成为公司的增长引擎。SK-Ⅱ 的产品功效显著，也只有它才含有 Pitera 成分。

为什么要将"必备要素"品牌化？因为这能让"必备要素"……

可被拥有。品牌有拥有创新性"必备要素"的潜力，因为品牌显示了产品的特定来源。在大多数情况下，成功的创新会被其他公司复制或模仿，由此产生的差异一般只是暂时的，但拥有的品牌是无法被对手复制的。

如果公司合理投资并积极管理创新及其品牌，就有潜力在未来一直拥有该品牌。竞争对手也许能复制其功能、成分、技术、服务或项目，但是，如果这些属性已经被品牌化，那么竞争对手就必须战胜来自品牌的力量。例如，某混合动力车品牌可以宣传其动力系统有多好，但是真正的油电混合动力系统只有一个，即印刻了"丰田"这个品牌烙印的动力系统。

值得信赖。品牌能提高其主张的可信性和合法性。品牌化创新之所以存在，正是因为其提供的好处值得被品牌化，而且公司愿意投入资源来创造和传播一个品牌。顾客会本能地认为，产品被品牌化一定是有原因的。试想一下，如果 SK-Ⅱ 不通过 Pitera 来解释自己的皮肤护理为何与众不同、为何效果更好，那么也就没有说服力了。

在一项关于品牌属性的研究中，品牌提高可信度的能力给人留下了深刻印象。格雷戈里·卡朋特（Gregory Carpenter）、拉希·格雷泽（Rashi Glazer）和中本健太郎（Kent Nakamoto）三位著名学者发现，公司如果加入了品牌化的属性（如"阿尔卑斯山级"的羽绒填充物和"正宗米兰"意大利面），受访者虽然不知道该属性为什么会更好，但是会认为产品价格较高是合理的。拥有一个品牌很重要。

传播。品牌能让传播更有效、可行性更高、印象更深刻。有的顾客很难识别出创新的价值，尤其当竞争对手和市场让人眼花缭乱时，情况就变得复杂起来。因此，公司可以给创新命名，然后将大量信息凝炼到这个载体上。例如，请回想第二章描述的吸湿发热面料 HeatTech，它是优衣库品牌定位的重要组成部分，比起陈述"我们的创新面料能带来更好、更先进的特性"，HeatTech 更可信，也更让人印象深刻。这就是品牌的作用：让传播变得更容易、更令人难忘、更可信。

品牌社区

数字发展赋能或推动的品牌社区（第六章）能成为重要的竞争壁垒。品牌社区为顾客提供了参与渠道，参与度较高的顾客黏度也高，他们更可能成为忠实顾客的持续来源。品牌社区还能增进尊重，通过志趣相投的顾客参与创造社会效益。

品牌社区可以以产品为中心，聚焦于购买和使用体验。这类案例包括赛富时（用户共同改进赛富时软件的使用）、乐高（乐高"建造者"在社区互动）和万豪假日俱乐部（会员热衷于旅游）等社区。

如果品牌缺乏受产品驱动的热情追随者，那么就需要品牌利益能够与社区的核心利益相符。这样的例子包括丝芙兰美妆达人社区（专注于护肤和美容）、耐克跑步俱乐部（健身计划）和多芬的自信绽放社区（对内在美有着共同的热情）。马克笔品牌锐意（Sharpie）建立了一个专注于创意的社区，绝大部分成员是设计师。不过，创意并非都与锐意产品相关，例如，有一个创意就是在乡村音乐节的后台设立签名墙，并在某日下午向公众开放。在上述所有案例中，活动的参与者其实都抱有相同的热情，形成了社区，创造并深化了品牌关系。这提高了顾客的忠诚度，降低了竞争对手的相关性。

知名度／活力

当标杆品牌成为唯一或者最具相关性的品牌时，就会形成巨大的壁垒，因为它在知名度和可信度方面取得了胜利。知名度是品牌相关性的关键要素，如果品牌赢得了知名度之战，就能成为最后的赢家。可信度指人们认为品牌有能力兑现承诺，具有良好的执行力，获得了人们的信任。

知名度是指，品牌不仅有名气，而且是在颠覆性细分品类中有名气。人们在谈论某细分品类时，都会想到该标杆品牌。宝马和凯迪拉克这类品牌的确有名气，但关键是它们在某细分品类（如混合动力 SUV）中是否被视为选择对象。

因此，新细分品类和标杆品牌之间需要建立起联系。同样，在提及某细分品类时，也应该让顾客想到某品牌；反之，是否成立并不重要。建立这种联系的方式可以是品牌化（如爱彼迎体验）、产品聚焦（如沃比·帕克眼镜）、品牌独特的强大定位（如优衣库、乔巴尼、丝芙兰和KIND），以及品牌及其细分品类的反复出现。没有上述联系及其相关性，品牌将无法影响和管理新细分品类的定义。

活力常常对知名度起到关键作用。有活力的标杆品牌会脱颖而出，没有活力的标杆品牌则不会进入人们的视野。公司可通过营销计划、有吸引力的新产品或产品改进，以及标杆品牌的"品牌化的活力点"（如世界杯的赞助权），来赋予标杆品牌及其相关细分品类活力。理想情况是，活力能带来相当大的影响力，以至于人们会互相分享。

移动的靶子

"移动的靶子"很难被复制，因此，如果公司能不断创新，发展细分品类的定义，就会削弱竞争对手进入该细分品类甚至保持相关性的能力；相反，如果细分品类一成不变，就很容易被竞争对手复制。

回想前几章介绍的案例：标杆品牌持续创新，不断巩固知名度、活力和实质性内容，从而在细分品类中占据了主导地位。亚马逊就是这样，不断推出新产品、改善强化服务、在交付上创新等，让自己保持甚至加强了对所在颠覆性细分品类的控制。还有其他品牌，如普锐斯、易集、沃比·帕克、苹果、优衣库、丝芙兰、乔巴尼、KIND、爱彼迎、无品牌、特斯拉、星巴克、沃尔玛和赛富时。它们都进行了一系列创新，以强化颠覆性细分品类，巩固其作为标杆品牌的地位。

再想想第二章介绍的克莱斯勒迷你厢式旅行车，在 15 年左右的时间里，它几乎没遇到任何竞争对手。从某种程度上说，这是因为克莱斯勒推出了一系列创新的"必备要素"：1990 年，汽车前轮实现了全轮驱动，滑动门安装了儿童安全锁；1995 年，有了驾驶侧滑动门和可滑动座椅；2000 年，添加了无线耳机、液晶显示屏（用于车内娱乐）和三区温控系统；此后，还推出了分体式第三排可调节后尾门座椅、座椅折叠系统、第三排易步入系统、座椅旋转系统（Swivel'n Go）和一体式儿童加高座椅。

防守

正如第二章指出的那样，标杆品牌也需要进行"防守"。也就是说，就算顾客已经习惯于当前状态，没有不满和抱怨，品牌也要找出产品和服务的不尽如人意之处，或者顾客和潜在顾客未被满足的需求，然后通过创新主动回应上述问题，也许它能成为另一个"必备要素"。竞争对手也能通过这种方式，在新的细分品类中找到立足点，或者创造出有竞争力的细分品类。

克莱斯勒的创新——迷你厢式旅行车，有助于防止竞争对手利用"必备要素"驱动增长平台，从而威胁其主导地位。创造出这类平台或创新组合的竞争对手，极有可能创建新的细分品类，打破克莱斯勒长达17年"所向无敌"的局面。

防守也适用于相近的产品或服务。在产品方面，以饮料为例，公司可以寻找更有价值的细分市场，探索不同的产品形态、更有趣或更浓郁的口感、其他配送方式、高端版本或者价值选择。公司要密切关注市场，看是否有新品牌对产品或配送方式进行了改变，并因此受到人们的关注。如果出现了上述情况，就要充分利用你的标杆品牌的资产，进入该领域，然后关闭这扇通往相关性的大门。第二章提到乔巴尼推出了各种各样的希腊酸奶，从某种意义上说，这也是为了防止或者应对竞争对手推出新版本的希腊酸奶，继而获得相关性的情况。在服务方面，公司要关注顾客对改良版送货方式或服务特色做何反应，就算要实施一个回报较低的商业计划，也要阻止竞争对手搭建平台，并在此基础上发展。

启示

要在"大"创新中取得战略性成功，关键是建立壁垒，阻止竞争对手获得相关性，防止其创造并保持主导地位。公司除了要有专利技术或自保的能力之外，还要设置面向顾客的壁垒，包括发展忠实的顾客群，构建积极的品牌联想，展现卓越的执行力，进行品牌创新，建设品牌社区以及成为"移动的靶子"。公司经常犯的错误是：专注于推出新产品，而忽视了让创新成为未来增长平台所需的战略举措。

设置壁垒是为了保护公司创新的资产价值，使其成为能实现长期增长的平台。在理想情况下，由于竞争对手面临的壁垒难以逾越，即使新细分品类的前景十分光明，他们也会选择避开。用波士顿咨询公司（BCG）创始人布鲁斯·亨德森（Bruce Henderson）的话来说，"战略的本质是说服竞争对手，不要投资于对你而言具有战略重要性的领域"。这确实是一种看待战略的新视角。不要试图打败竞争对手，而要让他们失去相关性和勇气，甚至不敢参与竞争。

CHAPTER 11

第 十 一 章

20 条总结

"洞察力是一种可以看见无形事物的艺术。"

——乔纳森·斯威夫特（Jonathon Swift）

　　如果要精读本书的观点，你会把重心放到哪一个上面呢？本章整理了全书的 20 条关键内容，都与战略性成功相关。你可以根据自己所在组织的情况，找出最重要的观点进行研读。以下是我挑选出的重要观点。

创建颠覆性细分品类是增长的唯一路径

　　颠覆性细分品类由一组"必备要素"定义，由标杆品牌代表，受到核心顾客群的支持和竞争壁垒的保护，它能提供新的或明显更优的购买体验、使用体验或更有意义的品牌关系。

　　除了极少数例外情况，公司**实现增长的唯一途径**就是创新，要通过开发"必备要素"，定义新的颠覆性细分品类。不管什么品类，当它出现令人印象深刻的销售增长时，这都可能受到了新的颠覆性细分品类的推动。

　　"必备要素"是标杆品牌的特征，它能定义和定位细分品类，并为其建立忠诚度。同等水平的"必备要素"可以削弱顾客"不购买的理由"，它也不一定比其他选择更优。支持性"必备要素"将为更高层级或伞状的"必备要素"提供实质性内容、活力和可信度。例如，亚马逊的"一键购买"就为其总体"必备要素"（便利的交易）提供了支撑。

　　标杆品牌代表了颠覆性细分品类。标杆品牌能促进其所在细分品类的成功，是思想的引领者和产品的创新者，是最具相关性的品牌，通常也会成为市场份额的主导品牌。标杆品牌具有良好的可信度和权威性，通过实质性的特征或项目，以及传播方式，它能给细分品类定位，并对其进行长期的管理。

　　构建壁垒并阻止竞争对手，这是一项有价值的任务。核心顾客群的忠诚度是面向顾客的核心壁垒。竞争对手要付出高昂的代价才能消除它们的影响力，同时要吸引对该细分品类不太感兴趣的消费群体。因此，好战略能让顾客群迅速扩大，快速建起竞争壁垒。此外，还有其他七项壁垒：标杆品牌联想、卓越的执行力、信任、品牌化创新、品牌社区、成为移动的靶子，以及成为知名度最高的选项。

颠覆性细分品类确实能带来回报。大量案例研究显示，那些在短短几年内就获得惊人市场估值的颠覆性细分品类，都通过媒体进行了病毒式传播，建立了忠实的顾客群，并在很长一段时间内都没有遇到竞争对手。定量研究的证据显示，差异化发展能获得回报；实证研究也指出，新产品与已有产品的差异程度，是预测该产品能否成功的最佳要素。

在企业增长方面，品牌领导力能比品牌偏好发挥更大的作用。品牌偏好战略，指进行渐进性创新，采取"我的品牌优于你的品牌"的营销思路，但是这基本不能带来有意义的增长，也毫无乐趣可言。相比之下，大多数有意义的增长都可以追溯到品牌领导战略，包括创造和拥有新的颠覆性细分品类。

变革性创新或实质性创新能带来"必备要素"。变革性创新能改变人们购买或使用产品的方式，或者为品牌关系创造新的基础；实质性创新能巩固品牌关系，或者改善购买和使用体验，不仅如此，由于这种巩固或改善的效果十分显著，以至于顾客会避开甚至拒绝缺少该"必备要素"的产品选项。然而，品牌偏好竞争的核心是渐进性创新，它不会带来"必备要素"。

敏捷的组织。要想创造并交付颠覆性细分品类的创新产品或服务，就要有为其提供支持的组织。这类组织应具备以下特征：

- 具有市场感知力，即能感知并解读市场趋势，不局限于功能性利益。
- 熟悉相关技术，能发现变革性创新或实质性创新的机会。
- 员工和团队愿意花时间进行创造性思考，并将其视为工作的一部分。

- 通过社会项目或品牌社区等举措，有能力找到功能性利益之外的顾客联系。
- 愿意将资源进行分配：给有潜力的产品提供资金，扣留失败产品的资金，限制渐进性创新的资金。
- 组织"边测试边学习"，让其成为企业文化的一部分。
- 能迅速把握关键机会并全情投入。

寻找"必备要素"。机会的形式多样，渠道繁多。公司员工和系统要识别出机会，不受限于功能性利益，不断尝试新想法。当然，一旦机会来临，也需要有人愿意做出承诺，应对可能出现的挑战。

评估潜在的"必备要素"。市场能否接受这些"必备要素"？我们的公司能提供它们吗？是否存在具有吸引力的商业模式？公司要提防乐观偏见，多问几个棘手的问题，比如顾客有没有"不购买的理由"，该趋势是否只是一时的流行？同时，公司还要小心悲观偏见，要思考创新能否克服局限性，如果创新在目标市场失败，是否能找到可替代的应用方式？

数字因素驱动或赋能的颠覆性细分品类

数字化发展让新的**颠覆性细分品类出现了爆炸式增长**，原因如下：

- 技术进步为"必备要素"的形成提供了众多新方式，这些技术包括机器学习、GPS、云技术、高速互联网、微处理器技术、先进的传感器以及语音识别等。
- 企业家能通过电子商务和数字通信迅速地进入市场，而非通过店面零售商或传统媒体这类昂贵的方式。

迅速扩大规模能建立核心顾客群，虽然成本较高，也存在风险，但是这在数字时代尤为重要，原因有二：其一，快速的增长能让品牌成为该细分品类的标杆品牌，进而管理并逐步发展该细分品牌，使其成为唯一相关（或相关性最强）的品牌；其二，忠实的顾客群会成为竞争对手的壁垒，同时也是品牌进一步发展的平台。

亚马逊的成功有两大支柱。首先是亚马逊对用户体验的执着：避免出现不尽如人意之处，十分可靠地提供服务，并定期进行创新，给顾客带来惊喜（如买家评论、一键购买、两日免费送达、金牌会员和订阅 & 省钱等）。其次是亚马逊明确的积极投资战略，以回应对顾客的承诺，并实现"百货商店"的愿景。得益于投资者（他们更重视增长而非利润）的现金流和 AWS 云服务，公司多次大力投资研发、软件和物流基础设施，许多观察者曾认为这样做的风险过高。

战胜亚马逊的战略。战胜亚马逊（或其他占主导地位的大公司）是可能的。原因部分在于，亚马逊作为企业巨头，顾客关系的功能性强，但缺乏幽默感，产品无所不包，面向所有消费者，从来都不是某方面的专家。成功的挑战者都重视细分品类的可信度、提供更加简单的选择、建设品牌社区、设定更高的目标、极具个性化、成为顽强的"弱者"、针对实体店零售进行定位，以及强化线下实体店的协同作用。

共享经济是数字化发展赋能的重大颠覆性细分品类之一。分析爱彼迎的成功案例，我们能够发现它拥有的不仅仅是功能性利益。房屋出租人成了企业家房东，他们能够通过创新给人们带来愉悦，甚至能提供"爱彼迎体验"（如幽默地介绍卢浮宫）；租房人也不仅是找一个住宿的地方，还在寻找让人感到舒适的探险经历。爱彼迎用各类互动和项目支持上述房东和房客的关系，创造了致力于实现爱彼迎愿景的房东社区和房客社区。

物联网是数字时代的颠覆者。物联网采用了新技术（如 GPS、微处理器、先进传感器、云技术、更强大的分析技术和机器学习），创造出具有监测、控制、优化和自动化功能的"物品"。目前，物联网的应用包括亚马逊智能语音助手 Alexa、互联网汽车、新零售体验和智能产品——适用于家庭、酒店、可穿戴设备、医疗、城市、农业、制造和维修等情境。

标签故事。颠覆性品牌需要传播自己的"必备要素"，应对媒体混杂、信息超载的局面，以及兴趣索然、心存怀疑、"自制力强"的受众。标签故事是引人入胜的，包含"过去曾发生了什么"的叙事内容，战略性信息突出，为传播起到推动或激励作用。标签故事可以来自员工、顾客或首席执行官的愿景，能以多种方式吸引并影响受众，如利用情感、幽默和共同的激情。

品牌社区。在线兴趣共享型品牌社区的成员相互之间建立了联系，他们对某品牌的活动、目标或兴趣领域有着共同热情，或者共同参与了该品牌的活动。兴趣型共享社区可为细分品类及其标杆品牌增加活力，提高知名度和可信度，还为增加补充性产品提供了平台。品牌社区可以是主动型或被动型的，正式或非正式的，它们可专注于产品、服务或者顾客最重视的领域。

个性化。如果能实现个性化，让顾客觉得品牌就像朋友、导师或同事一样，那么细分品类及其标杆品牌与顾客的关系就会更加牢固。公司根据顾客的需求和兴趣，为其定制产品或服务选项。个性化的挑战包括建设数据库、开发分析软件、培养高水平的顾客洞察力、明确品牌信息，以及确保顾客也积极地看待个性化。

我认为，本书阐释的理念和列举的榜样案例令人振奋，它们代表着战略机遇和能量。我期待看到各大品类接连推出颠覆性细分品类。

致　　谢

本书之所以会从数字化视角展开，是因为我受到女儿珍妮弗·阿克（Jennifer Aaker）的影响和强烈鼓励。她指出，如果我要写一本关于创建细分品类并实现非凡增长的书，就要展现数字化的力量，因为它能从众多方面改变战略创新。我十分感谢她的建议。珍妮弗是斯坦福大学商学院的教授，她是极具开创精神的研究者、有天赋和创新精神的老师、乐于奉献的人，也是出色的女儿。我和她在一起时总是很快乐，我们一起尝试各种理论和素材，沉浸在她创造的积极氛围之中。

我十分感谢那些在我之前提出此战略／创新空间的作者，以及那些推动了分类、框架、信息过滤等领域研究进展的学者。他们都为细分品类的变革做出了贡献，为相关思想提供了基础。

我要感谢众多在市场上有卓越能力的首席执行官，他们展现了创新领导力，鼓舞了人心，其中包括苹果的史蒂夫·乔布斯、赛富时的马克·贝尼奥夫（Marc Benioff）、联合利华的保罗·波尔曼（Paul Polman）、优衣库的柳井正、爱彼迎的布莱恩·切斯基和一美元剃须俱乐部的迈克尔·杜宾（Michael Dubin）等，要感谢的人数太多，这里就不一一列举了。

我的许多想法和研究案例都来自铂慧公司的同事们，或者说是由他们开发出来的。该全球咨询公司专注于品牌化、顾客体验和数字化转型，从1999年起我就与其建立了联系。我要感谢铂慧公司首席执行官迈克尔·邓恩（Michael Dunn）的支持和友谊，以及斯科特·戴维斯（Scott

Davis)、泰德·莫泽（Ted Moser）、马特·朱克（Mat Zucker）、约翰·埃利特（John Ellett）、杰伊·米利肯（Jay Millikan）等支持我的人。我要特别感谢铂慧公司设计团队的玛丽莎·莫利纳罗（Marissa Molinaro）和克雷格·斯托特（Craig Stout），他们设计的封面充满活力，促进了本书的传播；公司的营销团队，尤其是朱莉娅·丹尼森（Julia Dennison）、阿曼达·奈泽（Amanda Nizzere）和米歇尔·加利亚尼（Michelle Galliani），制定了营销策略，确保了本书在铂慧公司内外的曝光率。

我与摩根·詹姆斯出版社（Morgan James Publishing）合作得很愉快。因为有他们，我在出版过程中感到的不是压力，而是信心、创造力和乐趣。出版社的创始人兼首席执行官戴维·汉考克（David Hancock）及其助手吉姆·霍华德（Jim Howard）学识渊博，富有洞察力，他们始终支持着我，我很高兴能与他们合作。我要感谢邦妮·劳赫（Bonnie Rauch），她确保了整个过程的顺利进行，其中涉及了很多内容，这可不是一件容易的事。此外，还有为本书润色的文字编辑萨拉·马奥尼（Sarah Mahoney）。

我还要感谢两位朋友兼楷模，即菲利普·科特勒（Philip Kotler）和乔·特里波迪（Joe Tripodi）。菲利普·科特勒是"现代营销之父"；乔·特里波迪是推动了七大公司变革的首席营销官（CMO），其中包括好事达保险公司（Allstate）和可口可乐公司。两人都是了不起的领袖人物，深深影响了营销相关的理论和实践。他们都大力支持本书的撰写，你能在本书和我的其他著作的封面上看到他们的推荐。

最后，我要感谢我的妻子凯，女儿珍妮弗、简和乔琳（简和乔琳带给我的爱和自豪不亚于珍妮弗），以及她们的家人，他们始终支持和激励着我，让我的生活更加充实。

关于作者

　　戴维·阿克是铂慧公司（一家专注于品牌、顾客体验和数字化转型的全球咨询公司）的副总裁，也是加州大学伯克利分校哈斯商学院的营销战略名誉教授。阿克教授为营销学、营销战略、市场营销理论与实践做出了突出贡献，先后获得保罗·康弗斯奖（Paul D. Converse Award）、维贾伊·马哈詹奖（Vijay Mahajan Award）和巴克·韦弗奖（Buck Weaver Award），并入选"纽约美国营销协会名人堂"（NYAMA Marketing Hall of Fame）。他发表了100多篇文章，出版了17本书，销量远超100万册，并被译为18种语言，其中包括《管理品牌资产》《创建强势品牌》、与埃里克·乔基姆塞勒合著的《品牌领导》《品牌组合战略》《从法戈到品牌世界：我的品牌生涯》（第3版）、《跨越"筒仓"：新生代首席营销官势在必行》《战略市场管理》（第11版）、《创建新品类：赢得品牌相关性之战》（于2011年同时被选入三个最佳图书榜单）、《品牌大师：塑造成功品牌的20条法则》和《品牌标签故事》。阿克教授在2007年被评为五大重要的营销／商业大师之一，曾被《市场营销》（*Journal of Marketing*）（两次）和《加利福尼亚管理评论》（*California Management Review*）授予"最佳文章奖"。阿克教授是品牌战略领域公认的权威人士，一直活跃在世界各地，为人们提供咨询服务，进行演讲。他经常在 davidaaker.com 和领英（LinkedIn）上发布文章，推特主页为 twitter.com/davidaaker。阿克教授现居住在加利福尼亚州的奥林达（Orinda），十分热爱骑自行车和打高尔夫球。

注　　释

引言

1. Phil Wahba, "Crafting a Comeback at Etsy," *Fortune*, August 2019, pp. 33-35.

2. Katie Hawley, "Handmade Wooden Utensils from Belaya Hvoya," *Blog.Etsy.com*, April 1, 2019.

3. Katie Hawley, "8 Fresh Wedding Trends for 2019", *Blog.Etsy.com*, Feb 6, 2019.

4. Micheline Maynard, "Say 'Hybrid' and Many People Will Hear 'Prius'," *The New York Times*, July 4, 2007.

5. 2010 Toyota Prius Hybrid Car, *SoulTek.com*, August 30, 2009.

6. Warby Parket in Hindsight, *Fortune.com* June, 1, 2019.

7. *Npsbenchmark.com/Warby Parker*, 2018.

8. Diane Lincoln Estes, Warby Parker's CEO on how to thrive in retail as big-box stores are dying, *PBS.org*, Aug 17, 2017.

9. *The National Tax Agency of Japan.*

第一章

1. "Benchmarking Innovation Impact 2018" *innovationleader.com/benchmarking2018*, February 19, 2019.

2. Clayton M. Christensen, "The Innovator's Dilemma, Harvard *Business Review Press*, 1997.

第二章

1. Christine Birkner, "Culturing a Subcategory," *Marketing News,* May 2014, pp. 29-39.

2. Andrew Ross Sorken and Michael J. de la Merced, "Snickers Owner to Invest in Kind," Third-Biggest Maker of Snack Bars, *New York Times*, Nov. 29, 2017.

3. Michael J. de la Merced, "Shaving Start-Up Harry's Will Be Sold to Owner of Schick for $1.37 Billion," New York Times, May 9, 2019.

4. *Similarweb.com/website/sephora.com#overview*, April 2019.

5. W. Chan Kim and Renee Mauborgne, *Blue Ocean Strategy*, Boston: HBS Press, 2005.

6. Eddie Yoon and Linda Deeken, "Why It Pays to Be a Category Creator," *Harvard Business Review*, March 2013, pp. 21-23.

7. Eddie Yoon, "Category Creation Is the Ultimate Growth Strategy," *hbr.org/2011*, September 26, 2011.

8. Richard Foster and Sarah Kaplan, *Creative Destruction*, New York: Doubleday, 2001, p. 47.

9. Sam Ro, "Chart of the Day: The Correlation Between R&D Spending and Stock Return," *Business Insider*, August 7, 2013.

10. Innovation Search Strategy and Predictable Returns: A Bias for Novelty, Tristan Fitzgerald, Benjamin Balsmeier, Lee Fleming and Gustavo Manso, working paper, *Haas School of Business, UC Berkeley*, May 2017.

11. *Millwardbrown.com/brandz/rankings-and-reports/top-global-brands/2019*.

第三章

1. *ipropertymanagement.com/airbnb-statistics*, June 2019.

2. *similarweb.com/top-websites/category/travel-and-tourism/accommodation-and-hotels*, August 2019.

3. Leigh Gallagher, *The Airbnb Story*, Boston: Houghton Mifflin Harcourt, 2017; Brand Stone, *The Upstarts*, New York: Back Bay Books, 2017.

第四章

1. Mark Spera, "The 10 Marketing Secrets to Everlane's Success," *growthmarketingpro.com*, February 2, 2019. Mallory Schlossberg, "This hot $250 million start-up is being called J. Crew for millennials," *Businessinsider.com*, March 7, 2016.

2. Warby Parker in Hindsight, *Fortune.com* June, 1, 2019.

3. Kate Clark, "Mattress startup Casper valued at $1.1B with new funding," *techcrunch.com/2019/03/27/*.

4. Patrick Spenner and Karen Freeman, "To Keep Your Customers, Keep It Simple," Harvard Business Review, May 2012.

5. Barry Schwartz, *The Paradox of Choice*, New York: HarperCollins, 2016.

6. Diane Lincoln Estes, Warby Parker's CEO on how to thrive in retail as big-box stores are dying, *PBS.org*, Aug 17, 2017.

7. Spera, op. cit.

第五章

1. Louis Columbus, "Top 25 IoT startups to Watch in 2019," *Forbes.com*, February 3, 2019.

2. *theverge.com*/2019/1/4/18168565/amazon-alexa-devices-how-many-sold-number-100-million-dave-limp.

3. Jackie Charniga, "NHTSA, IIHS documents Increase in Emergency Braking Systems in 2017 Vehicles, *AutoNews.com*, December 21, 2017.

4. "Connected Car Market by Service (Connected Services, Safety & Security, and Autonomous Driving), Form (Embedded, Tethered, and Integrated), Network (DSRC, and Cellular), End Market, Transponder, Hardware, and Region - Global Forecast to 2025, *MarketsandMarkets*, Feb 2018.

5. Brad Stone and Matt Day, "The Zillion-Dollar Convenience Store," *Business Week*, July 22, 2019.

6. *L2inc.com/daily-insights/top-10-restaurants-in-digital*, November 2018.

7. The first four of these were suggested in two major IoT articles–Michael Porter and James Heppelmann, "How Smart, Connected Products Are Transforming Competition," *Harvard Business Review*, November, 2014, and Michael Porter, & James Heppelmann, "How Smart Connected Products Are Transforming Companies," *Harvard Business Review*, October, 2015.

第六章

1. Elihu Katz and Paul F. Lazarsfeld, "*Personal Influence*," Glencoe, Illinois: The Free Press, 1955.

2. Ernest Dichter, "How Word-of-Mouth Advertising Works,"

Harvard Business Review, November-December 1966, pp. 147-166. For a good overview of more recent word-of-mouth research, see *Contagious: Why Things Catch On*, by Jonah Berger. New York: Simon & Schuster, 2013.

3. See David Aaker, *Creating Signature Stories*, New Youk: Morgan James Press, 2018.

4. Aaker, op. cit. Chapter 4.

5. businessinsider.com/how-doves-real-beauty-sketches-became-the-most-viral-ad-video-of-all-time-May 22, 2013.

6. Millward Brown *Dove Masterbrand Dove Self-esteem Project Analysis,* September 2016, [Base: Women aged 24-54, USA (758), UK (400), Brazil (643), China (399), India (632)].

7. Ibid.

8. "State of the Connected Customer," *SalesForce.com*, 2018.

9. Shep Hyken, Personalized Customer Experience Increases Revenue and Loyalty, *Forbes.com*, October 29, 2017.

10. Gene Schneider, "Learning from Amazon's Embrace of Personalization," *SPSCommerence.com*, March 6, 2018.

第七章

1. Andrew Razeghi, *The Riddle*, San Francisco: Jossey-Bass, 2008, p. 21.

2. Jeffrey R. Immelt, Vijay Govendarajan, and Chris Trimble, "How GE is Disrupting Itself," *Harvard Business Review*, October 2009, 63.

3. G. Lafley and Ram Charan, *The Game Changer*, New York: Crown Business Books, 2008, p. 134.

4. Alexandra Alter, "Chain's Success Isn't by the Book," *San Francisco Chronicle,* June 1, 2019, D-1.

5. Lafley & Charan, op. cit. pp. 43-44.

6. Spencer E. Ante, "The Science of Desire," *Business Week,* June 5, 2006, pp. 99-106.

7. Ante, op cit. p. 104.

8. Lafley and Charan, op. cit. pp. 47-49.

9. Tim Brown, *Change by Design*, New York: Harper Business, 2019, 0. 50.

10. Rachael Julkowski, "How Starbucks Turned Crowdsourced Ideas into New Products," ecorner.stanford.edu, September 27, 2018.

第八章

1. "Reinventing the Wheel," *Time*, December 2, 2001, pp. 85-86.

2. Gary Rivlin, Segway's Breakdown, *Wired*, November 3, 2009.

3. "When to Dump that Great Idea," *Forbes*, July 6, 2007.

4. A. G. Lafley and Ram Charn, *The Game Changer*, New York: Crown Publishing, 2008, p. 67.

5. Steven P. Schnaars and Conrad Berenson, "Growth Marketing Forecasting Revisited: A Look Back at a Look Forward," *California Management Review*, Summer 1986, 28 (4), 71-88.

6. Robert L. Kramer and W. Putman Livingston, "Cashing in on the Checkless Society," *Harvard Business Review*, Sept.-Oct, 1967, pp. 141-149.

7. Matt Phillips, "The Spectacular Decline of Checks" *The Atlantic*, June 5, 2014.

8. Robert A. Burgelman, *Strategy is Destiny* (New York: Free Press, 2002), 64.

9. Clark G. Gilbert and Matthew J. Eyring, "Beating the Odds when You Launch a New Venture, *Harvard Business Review*, May 2010, p. 97.

第九章

1. Fernando F. Suarez and Stine Grodal, "Mastering the 'Name Your Product Category' Game," *MIT Sloan Management Review,* Winter, 2015, pp. 23-29.

2. Leonard Lee, Shane Frederick, and Dan Ariely, "Try It, You'l Like It: The Influence of Expectation, Consumption, and Revelation on Preferences for Beer" Psychological Science, Vol 17, No. 12, 2006, pp. 1054-1058.

第十章

1. Carolyn Hanuschek, "The Decline of Trust," *bavgroup.com*, October 9, 2017.

2. Gregory S. Carpenter, Rashi Glazer, and Kent Nakamoto. "Meaningful Brands from Meaningless Differentiation: The Dependence on Irrelevant Attributes, *Journal of Marketing Research*, August, 1994, pp. 339-350.